westermann

Wolfgang Grill und Hans Perczynski

Wirtschaftslehre des Kreditwesens

Aufgabensammlung

bearbeitet von
Dipl.-Betriebsw. Thomas Int-Veen
Hannover

Sparkassendirektor Heiko Menz
Hannover

Ass. jur. Dominik Pastor
Hannover

14. Auflage

Bestellnummer 30358

Die in diesem Produkt gemachten Angaben zu Unternehmen (Namen, Internet- und E-Mail-Adressen, Handelsregistereintragungen, Bankverbindungen, Steuer-, Telefon- und Faxnummern und alle weiteren Angaben) sind i. d. R. fiktiv, d. h., sie stehen in keinem Zusammenhang mit einem real existierenden Unternehmen in der dargestellten oder einer ähnlichen Form. Dies gilt auch für alle Kunden, Lieferanten und sonstigen Geschäftspartner der Unternehmen wie z. B. Kreditinstitute, Versicherungsunternehmen und andere Dienstleistungsunternehmen. Ausschließlich zum Zwecke der Authentizität werden die Namen real existierender Unternehmen und z. B. im Fall von Kreditinstituten auch deren IBANs und BICs verwendet.

Bildquellenverzeichnis

DekaBank, Frankfurt am Main: 68.1, 69.1, 70.1, 71.1.
stock.adobe.com, Dublin: dreamer29 38.1.
© Deutscher Sparkassen Verlag, Stuttgart: 55.1, 56.1, 57.1.
Umschlagfoto: stock.adobe.com, Dublin: EwaStudio.

westermann GRUPPE

Die Seiten dieses Arbeitshefts bestehen zu 100 % aus Altpapier.

Damit tragen wir dazu bei, dass Wald geschützt wird, Ressourcen geschont werden und der Einsatz von Chemikalien reduziert wird. Die Produktion eines Klassensatzes unserer Arbeitshefte aus reinem Altpapier spart durchschnittlich 12 Kilogramm Holz und 178 Liter Wasser, sie vermeidet 7 Kilogramm Abfall und reduziert den Ausstoß von Kohlendioxid im Vergleich zu einem Klassensatz aus Frischfaserpapier. Unser Recyclingpapier ist nach den Richtlinien des Blauen Engels zertifiziert.

Druck und Bindung: Westermann Druck GmbH, Georg-Westermann-Allee 66, 38104 Braunschweig

ISBN 978-3-427-**30358**-9

Vorwort

Mit der Aufgabensammlung zum Lehrbuch Wirtschaftslehre des Kreditwesens tragen die Verfasser vielfach an sie herangetragenen Leserwünschen Rechnung.

Die Bearbeitung der Aufgaben soll sowohl die Wiederholung des Gelesenen und Gelernten als auch die Anwendung, Erprobung und Vertiefung des erworbenen Wissens ermöglichen. Die Aufgaben sind problem- und kundenorientiert formuliert und gehen nach Möglichkeit von konkreten Beratungssituationen aus. Die Gliederung der Aufgabensammlung folgt der Gliederung des Lehrbuchs Wirtschaftslehre des Kreditwesens. Da Beratungssituationen vielfach komplexe Lösungsansätze erfordern, werden für manche Aufgaben Informationen aus verschiedenen Bereichen und die Kenntnis übergreifender Zusammenhänge benötigt. Pfeile mit Ziffern unter den Aufgaben weisen auf Teilabschnitte des Lehrbuchs Wirtschaftslehre des Kreditwesens hin, die Informationen zur Lösung enthalten.

Herausgeber und Verfasser

Inhaltsverzeichnis

1 Übersicht

		Anzahl der Aufgaben	
2 Konten für Kunden			**62**
2.1	Bedeutung des Kontos für die Geschäftsverbindung	1	
2.2	Kontoarten	5	
2.3	Kontovertrag	18	
2.4	Verfügungsberechtigung	18	
2.5	Kontoführung, Kontoabschluss und Kontoauflösung	9	
2.6	Bankgeheimnis und Bankauskunft	5	
2.7	Verhinderung von Geldwäsche, Terrorismusfinanzierung und sonstigen strafbaren Handlungen	3	
2.8	Beschwerderegelungen	3	

3 Zahlungsverkehr			**35**
3.1	Zahlungsmittel und Zahlungsformen	4	
3.2	Kassengeschäfte	3	
3.3	Rahmenbedingungen für den bargeldlosen Zahlungsverkehr	2	
3.4	Instrumente des bargeldlosen Zahlungsverkehrs	26	

4 Geld- und Vermögensanlagen			**115**
4.1	Anlageziele und Beratung der Anleger	1	
4.2	Anlagen auf Konten und in Sparbriefen	24	
4.3	Anlagen in Bausparverträgen, Lebensversicherungen und staatlich geförderten Altersvorsorgeprodukten	13	
4.4	Anlagen in Wertpapieren	57	
4.5	Anlagen in Finanzderivaten	7	
4.6	Andere Anlagemöglichkeiten	3	
4.7	Besteuerung von Geld- und Vermögensanlagen	10	

5 Kredite für Kunden			**70**
5.1	Grundlagen des Kreditgeschäfts	10	
5.2	Standardisierte Privatkredite	14	
5.3	Baufinanzierungen	21	
5.4	Firmenkredite	16	
5.5	Notleidende Kredite	5	
5.6	Leasing und Factoring	4	

6 Auslandsgeschäfte der Kreditinstitute			**27**
6.1	Grundlagen des Auslandsgeschäfts	8	
6.2	Devisen und Devisenkurse	2	
6.3	Dienstleistungen der Kreditinstitute im internationalen Zahlungsverkehr	7	
6.4	Devisenhandelsgeschäfte der Kreditinstitute	7	
6.5	Reisezahlungsmittel	3	

Gesamt	**309**

2 Konten für Kunden

2.1 Bedeutung des Kontos für die Geschäftsverbindung

1. Bedeutung eines Kontos für den Kunden

Egon Thormann ist Eierhändler. Er kauft Eier von Bauern und verkauft sie in der Stadt auf Wochenmärkten und im Tür-zu-Tür-Geschäft. Er wickelt seine Geschäfte ausschließlich bar ab und bewahrt zu Hause größere Bargeldbestände auf.

a) Welche Risiken bergen Bargeschäfte für Egon Thormann?
b) Auf welche Weise könnte Egon Thormann die unter a) genannten Risiken mindern?

→ *2.1*

2.2 Kontoarten

1. Girokonto und Kontokorrentkonto

Ulrich Reiners hat bei der Sparkasse Seehausen ein Girokonto eröffnet und die Allgemeinen Geschäftsbedingungen erhalten. Beim Durchlesen stößt er auf die folgende Aussage: *„Die Sparkasse führt ein Konto zur Abwicklung des laufenden Geschäfts- und Zahlungsverkehrs (Girokonto) als Kontokorrentkonto im Sinne des § 355 des Handelsgesetzbuches (Konto in laufender Rechnung)".*

a) Worin besteht der Unterschied zwischen einem Kontokorrent- und einem Girokonto?
b) Durch welche Merkmale ist ein Kontokorrentkonto im Sinne von § 355 HGB gekennzeichnet?
c) In der Werbung der Sparkasse wird ein Sparkassen-Girokonto als „Drehscheibe der Geschäftsverbindung" bezeichnet. Was ist damit gemeint?

→ *2.2.1.1 und 2.2.2*

2. Basiskonto

Der Auszubildende der Privatbank AG, Christian Emsig, hat in den Medien von der Einführung des sogenannten „Basiskontos" durch das Zahlungskontengesetz (kurz: ZKG) im Juni 2016 erfahren.
Herr Emsig fragt sich nun,
a) welche Besonderheiten das Basiskonto gegenüber einem „normalen" Girokonto aufweist,
b) ob auch die Privatbank AG für jeden Antragsteller, z. B. auch für Flüchtlinge, ein solches Konto eröffnen ***muss***,
c) ob die Privatbank AG eine Kontoeröffnung ablehnen kann,
d) welche weiteren Regelungsbereiche das ZKG beinhaltet.

→ *2.2.2 und 2.7*

3. Girokonto und Sparkonto

Stefan Wagner, 22 Jahre alt, hat am 30. Juli bei der Firma Schubert & Brinck eine Tätigkeit als kaufmännischer Angestellter begonnen. Das Personalbüro seines neuen Arbeitgebers bittet ihn um Angabe der Bankverbindung, damit das Gehalt bargeldlos gezahlt werden kann. Stefan Wagner erkundigt sich bei Ihrem Kreditinstitut, bei dem er bereits ein Sparkonto unterhält, ob er seinem Arbeitgeber diese Sparkontonummer angeben könne.

a) Warum empfehlen Sie die zusätzliche Einrichtung eines Girokontos?
b) Erklären Sie Herrn Wagner, welche Vorteile ihm das zusätzliche Konto bietet.
c) Nennen Sie dem Kunden wichtige Nutzungsmöglichkeiten des Girokontos.
d) Welche Gemeinsamkeiten und welche Unterschiede bestehen zwischen Girokonten und Kontokorrentkonten?
e) Ihr Kreditinstitut rechnet das Konto Stefan Wagner quartalsmäßig ab und sendet dem Kunden den Rechnungsabschluss zu. Wann ist der Rechnungsabschluss verbindlich?
f) Die Kreditinstitute vereinbaren mit ihren Kunden i. d. R. Kontokorrentperioden zwischen einem und sechs Monaten. Welchen Vorteil haben die Institute durch kürzere Kontokorrentperioden?
g) Stefan Wagner ist nach dem letzten Quartalsabschluss über die Belastung von Sollzinsen und Kontoführungsgebühren verärgert und kündigt die Kontoverbindung am 18. Oktober mit sofortiger Wirkung. Ist die Kündigung wirksam?

→ ***2.2.1 und 2.2.2***

4. Girokonten, Termingeldkonten und Sparkonten

Lars Klein, Kunde der Raiffeisenbank Seehausen eG, hat von seinem Großvater 10.000,00 Euro zum Kauf eines Kleinwagens geschenkt bekommen. Der Wagen wird erst in vier Wochen geliefert. Für diese Zeit möchte Herr Klein das Geld zinsgünstig anlegen. Lars Klein unterhält ein Girokonto und ein Sparkonto bei der Raiffeisenbank Seehausen.

a) Welche Anlagen kann der Kundenberater vorschlagen?
b) Welche Konten kommen für die vorgeschlagenen Anlagen in Betracht?
c) Warum kommt das Sparkonto nicht für die Anlage des Betrags infrage?

→ ***2.2.2, 2.2.3 und 2.2.4***

5. Sparkonto

Charlotte Griese unterhält bei Ihrem Kreditinstitut bereits seit längerer Zeit ein Girokonto. Sie bittet um Einrichtung eines Sparkontos, da ihr das Girokonto nach ihrem Ausscheiden aus dem Arbeitsleben zu teuer wird. Auf das Sparkonto will sie ihre monatliche Rente in Höhe von 1.040,00 Euro überweisen lassen.

a) Welche Absicht des Sparers muss bei der Einzahlung von Beträgen auf ein Sparkonto bestehen?
b) Darf Ihr Kreditinstitut für den geschilderten Zweck ein Sparkonto einrichten?
c) Was würden Sie Frau Griese empfehlen, wenn sie erklärt, dass sie von ihrer Rente monatlich 200,00 Euro nicht verbrauchen wird?
d) Wodurch sind Spareinlagen nach der Rechnungslegungsverordnung der Kreditinstitute gekennzeichnet?

→ ***2.2.3 und 4.2.4***

2.3 *Kontovertrag*

1. Kontoeröffnung: Firmenkonto

Volker Hansen möchte bei der Wetterauer Volksbank eG ein Firmenkonto mit der Bezeichnung „Hansen & Schön" eröffnen. Er legt den folgenden Handelsregisterauszug vor:

	Amtsgericht Friedberg					HR B 17.247
Nr. der Eintragung	a) Firma b) Ort der Niederlassung c) Gegenstand des Unternehmens	Grund- oder Stammkapital in Euro	Vorstand Persönlich haftende Gesellschafter Geschäftsführer Abwickler	Prokura	Rechtsverhältnisse	a) Tag der Eintragung und Unterschrift b) Bemerkungen
1	a) Hansen & Schön Finanzberatung Gesellschaft mit beschränkter Haftung b) Friedberg c) Vertrieb von Finanzdienstleistungen aller Art	50.000,00	Volker Hansen, Dipl.-Betriebswirt, Kammerstr. 26, Friedberg Dr. Henning Schön, Dipl.-Kfm., Burghausenweg 46, Bad Nauheim	Hans Kühn in Gießen und Christine Schmitt in Wetzlar wurde Gesamtprokura erteilt. Nikolaus Bub, Laubach, Einzelprokura	Gesellschaft mit beschränkter Haftung. Der Gesellschaftsvertrag ist am 27. Mai 2003 geschlossen worden. Die Gesellschaft hat einen oder mehrere Geschäftsführer. Sind mehrere Geschäftsführer bestellt, so wird die Gesellschaft durch zwei Geschäftsführer gemeinsam oder durch einen Geschäftsführer in Gemeinschaft mit einem Prokuristen vertreten. Der Geschäftsführer Volker Hansen ist stets allein vertretungsberechtigt.	a) 15. Juni 2003

a) Prüfen Sie, ob das Konto unter der gewünschten Kontobezeichnung eröffnet werden kann.
b) Wer kann den Kontoeröffnungsantrag für das Unternehmen rechtswirksam unterschreiben?
c) Im folgenden Jahr sendet das Unternehmen der Volksbank einen neuen Handelsregisterauszug zu. Hans Kühn hat das Unternehmen verlassen. Die Prokura wurde aus diesem Grund im Handelsregister gelöscht. Wie lange gilt die erteilte Prokura nach den AGB gegenüber der Wetterauer Volksbank eG weiter?
d) Von einem anderen Kreditinstitut geht ein Auskunftsersuchen ein. Wie muss sich die Volksbank verhalten?

→ *2.3.1.2.2, 2.4.1.2.2, 2.4.1.3 und 2.6.2*

2. Kontoeröffnung: Konto für eine GmbH

Für den Raumausstatter „Schöner Wohnen GmbH" soll bei Ihrer Bank ein Geschäftskonto eröffnet werden.

a) Welche Unterlagen müssen vorgelegt werden?
b) Welche Prüfungen müssen Sie durchführen?

→ *2.3.1.2.2 und 2.3.1.3.1*

3. Vergleich Konto für eine Einzelunternehmung und eine GmbH

Der Diplom-Ing. Emil Staude steht vor der Alternative, ein IT-Unternehmen entweder allein als Einzelunternehmen zu gründen oder gemeinsam mit Freunden als GmbH.

Erläutern Sie Herrn Staude die Unterschiede, die sich bei der Kontoeröffnung und Kontoführung eines Einzelunternehmens im Vergleich zur GmbH ergeben.

→ 2.3.1.2.1 und 2.3.1.2.2

4. Vergleich Konto für eine GmbH und eine Unternehmergesellschaft (haftungsbeschränkt)

Drei Mitarbeiter eines Maschinenbaubetriebes wollen gemeinschaftlich eine eigene Existenz gründen. Sie überlegen, entweder eine GmbH oder eine Unternehmergesellschaft (haftungsbeschränkt) zu gründen.
Erläutern Sie den Firmengründern die Unterschiede der beiden Gesellschaftsformen hinsichtlich
- Rechtsnatur,
- Gründung,
- Erlangung der Kontofähigkeit,
- Kontobezeichnung,
- Legitimation,
- Verfügungsberechtigung,
- Haftung.

→ 2.3.1.2.2

5. Gemeinschaftskonto: Verfügung über einen Dispositionskredit

Die Kreissparkasse Lönneburg führt für die Eheleute Ariane und Hubertus Bratfisch ein Gemeinschafts-Girokonto (Oder-Konto). Auf dem Konto geht das Gehalt für Ariane Bratfisch in Höhe von monatlich 2.000,00 Euro ein. Hubertus Bratfisch ist zurzeit arbeitslos. Die Kreissparkasse hat den Eheleuten einen Dispositionskredit von 6.000,00 Euro eingeräumt. Das Konto weist momentan einen Sollsaldo von 5.998,00 Euro aus.
Hubertus Bratfisch hebt 1.000,00 Euro bar vom Konto ab. Obwohl der Dispositionskredit voll ausgenutzt ist, lässt die Sparkasse die Verfügung zu.

a) Welche Regeln muss die Kreissparkasse bei Einräumung von Dispositionskrediten beachten?
b) Erläutern Sie die Haftung der Kontoinhaber für die Rückführung eines Dispositionskredits auf einem Gemeinschaftskonto.
c) Prüfen Sie,
   (1) ob die Sparkasse die den Kreditrahmen übersteigende Verfügung von Hubertus Bratfisch zulassen durfte,
   (2) ob die Haftungsregeln für die Rückführung des Dispositionskredits auch für die zusätzliche Überziehung gelten.

→ 2.3.1.2.3

6. Gemeinschaftskonto: Ehegattenkonto

Olga und Paul Becker haben vor Kurzem geheiratet. Beide sind Girokunden der Handelsbank. Die Eheleute möchten, dass jeder für das Konto des anderen Vollmacht erhält.
Die Kundenberaterin schlägt vor, dass die Eheleute die Einzelkonten schließen und ein Gemeinschaftskonto eröffnen.

Wie ist die Haftung der Eheleute für beanspruchte Kreditlinien bzw. für Überziehungen geregelt

a) beim Vollmachtskonto (Einzelkonto mit gegenseitiger Vollmacht),
b) bei einem Gemeinschaftskonto (Oder-Konto)?

→ 2.3.1.2.3

7. Gemeinschaftskonto: Tod eines Kontoinhabers

Adele und Bruno Harms unterhalten bei der Sparkasse Heidelberg ein Gemeinschaftssparkonto, auf dem sie ihre Ersparnisse gesammelt haben. Bruno Harms ist vor einigen Tagen gestorben. Das Kontoguthaben beträgt zurzeit 40.000,00 Euro.

Die Eheleute lebten im gesetzlichen Güterstand der Zugewinngemeinschaft. Das gesamte Vermögen beträgt 120.000,00 Euro (ohne Haushaltsgegenstände). Jedem Ehegatten gehört die Hälfte des Vermögens. Bruno Harms hat testamentarisch die beiden volljährigen Kinder Cornelia und Dieter je zur Hälfte als seine Erben eingesetzt.

a) Eine Woche nach dem Tod von Bruno Harms möchte Adele Harms
   (1) 3.000,00 Euro bar abheben,
   (2) als hinterbliebene Kontomitinhaberin das Gemeinschaftskonto auf ihren Namen umschreiben und als Einzelkonto führen lassen.
   Wie muss sich die Sparkasse Heidelberg verhalten?
b) Begründen Sie, welche Ansprüche die Ehefrau an das Sparguthaben stellen kann.
c) Welche sonstigen erbrechtlichen Ansprüche kann die Ehefrau Adele geltend machen?
d) Erläutern Sie die Aufteilung des Vermögens der Eheleute, wenn statt der testamentarischen Verfügung des Erblassers die gesetzliche Erbfolge zur Anwendung kommt.

→ ***2.3.1.2.3 und 2.4.2.1***

8. Treuhandkonto

Treuhandkonten können offen und verdeckt geführt werden.

a) Worin besteht der Unterschied zwischen einem offenen und einem verdeckten Treuhandkonto?
b) Für welche Zwecke unterhalten Kunden offene Treuhandkonten?
c) Erläutern Sie, warum verdeckte Treuhandkonten für den Treugeber erhebliche Gefahren bergen.

→ ***2.3.1.2.5***

9. Konto für eine Wohnungseigentümergemeinschaft

Ludwig Kuhfuß ist für die Wohnungseigentümergemeinschaft „Vor dem Edelhof“, Kneippweg 3, Seehausen, zum Verwalter bestellt worden. Die Gemeinschaft besteht aus 50 Wohnungseigentümern. Herr Kuhfuß erkundigt sich bei Ihnen über die Möglichkeiten, ein Konto für die Wohnungseigentümergemeinschaft einzurichten.

a) Nennen Sie drei Möglichkeiten der Kontoführung für eine Wohnungseigentümergemeinschaft.
b) Wie muss die korrekte Kontobezeichnung lauten?
c) Wie wird die Legitimationsprüfung für eine Wohnungseigentümergemeinschaft durchgeführt?
d) Wer kann über das Konto für eine Wohnungseigentümergemeinschaft verfügen?

→ ***2.3.1.2.3 und 2.3.1.2.5***

10. Hausverwaltungskonto

Die Wohnungseigentümergemeinschaft Kneippweg 1–5 hat die Verwaltung der Eigentumswohnungen der Immobilien-Verwaltungs GmbH übergeben. Für die Abwicklung aller Geldgeschäfte soll ein

Konto mit der Bezeichnung „Immobilien-Verwaltungs GmbH – Wohnungseigentümergemeinschaft Kneippweg 1–5“ eingerichtet werden.

a) Welche Unterlagen sind für die Eröffnung des Kontos erforderlich?
b) Begründen Sie, warum das Konto als offenes Treuhandkonto der Hausverwaltung eingerichtet wird.

→ ***2.3.1.2.3 und 2.3.1.2.5***

11. Anderkonto: Eröffnung eines Anderkontos

Notar Dr. Lothar Bült hat vor wenigen Tagen eine neu geschaffene Amtsstelle (Notariat) übernommen. Er möchte bei der Taunus-Sparkasse ein Anderkonto eröffnen. Das Anderkonto wird für die Grundstückskaufvertragssache Huber/Schneider benötigt.

a) Wie gehen Sie bei der Kontoeröffnung vor?
b) Welche Besonderheiten weist ein Notar-Anderkonto auf?
c) Die Notarangestellte Hilde Palm reicht zwei Wochen nach der Kontoeröffnung eine Überweisung ein. Vom Anderkonto Huber/Schneider sollen 50.000,00 Euro auf das Geschäftskonto des Notars umgebucht werden. Wie verhalten Sie sich?

→ ***2.3.1.2.5***

12. Anderkonto: Einrichtung eines Anderkontos

Der Notar Dr. Andreas Winkelmann beantragt am 20. Mai bei der Handelsbank Bremen die Einrichtung eines Anderkontos, auf das in Kürze Gelder in Höhe von 50.000,00 Euro aus dem Verkauf eines Grundstücks zugunsten seiner Mandantin Claudia Kirsch eingehen werden. Käufer ist Jan Gerdes.

a) Unter welcher Kontobezeichnung richtet die Handelsbank das Anderkonto ein?
b) Wer gilt als wirtschaftlich Berechtigter im Sinne des Geldwäschegesetzes?
c) Der Notar Dr. Winkelmann möchte aus Gründen der Arbeitserleichterung seinem Bürovorsteher eine Kontovollmacht für das Anderkonto erteilen. Entscheiden Sie, ob und unter welchen Bedingungen dies möglich ist.
d) Nach Eingang des Geldbetrages wünscht Claudia Kirsch Auskunft über den Kontostand auf dem Anderkonto. Außerdem möchte sie 10.000,00 Euro an den Käufer des Grundstücks überweisen, da der Kaufpreis aufgrund eines Missverständnisses um 10.000,00 Euro zu hoch angesetzt worden ist. Inwieweit kann die Handelsbank den Auskunfts- und Zahlungswunsch von Claudia Kirsch erfüllen?
e) Am 10. August verstirbt Dr. Winkelmann.
   (1) Inwieweit ist eine Erbfallmeldung gem. § 33 ErbStG für das Anderkonto vorzunehmen?
   (2) Wer kann nach dem Tod des Notars über das Anderkonto verfügen?

→ ***2.3.1.2.5***

13. Anderkonto: Führung eines Anderkontos

Der Notar Hubert Winkelmann ist zum Testamentsvollstrecker seines tödlich verunglückten Freundes bestellt worden. Außerdem hat ihn das Familiengericht zum Vormund der minderjährigen Tochter des Verstorbenen ernannt. Der Notar hat in diesen Funktionen erhebliche Vermögenswerte zu verwalten. Entscheiden Sie, ob für diese Aufgaben Notar-Anderkonten geführt werden können. Begründen Sie Ihre Entscheidung!

→ ***2.3.1.2.5***

14. Konto zugunsten eines Dritten

Heinrich Semmelkorn möchte mit der Sparkasse Seehausen eine Regelung treffen, wonach sein Sparguthaben in Höhe von 10.000,00 Euro nach seinem Tod nicht in seinen Nachlass fallen, sondern seinem minderjährigen Neffen Dieter Carstensen zukommen soll.
Der Kundenberater schlägt einen Vertrag zugunsten Dritter für den Todesfall vor, in dem Dieter Carstensen als Begünstigter eingesetzt werden soll.

a) Prüfen Sie, ob Dieter Carstensen bzw. dessen Eltern unbedingt von der Zuwendung in Kenntnis gesetzt werden müssen, damit Dieter Carstensen im Todesfall von Heinrich Semmelkorn Gläubiger werden kann.
b) Unter welchen Voraussetzungen können die Erben von Heinrich Semmelkorn die Zuwendung an den Neffen noch verhindern?
c) Wem steht das Sparguthaben zu, wenn Dieter Carstensen vor Heinrich Semmelkorn versterben sollte?
d) Wie kann verhindert werden, dass die Eltern des Dieter Carstensen über das Sparguthaben verfügen, wenn der Neffe beim Tod von Heinrich Semmelkorn noch minderjährig ist?

→ ***2.3.1.2.4 und 4.2.4.4***

15. Mietkautionskonto

Heribert Hausmann hat bei der Sparkasse ein Mietkautionskonto eingerichtet und dort die Barkaution seines Mieters Egon Gold in Höhe von 1.800,00 Euro eingezahlt. Die im Mietvertrag vereinbarte Miete einschließlich Betriebskosten beläuft sich auf 600,00 Euro pro Monat.
Nachdem Egon Gold mit seinen Mietzahlungen in Rückstand geraten ist, wünscht Heribert Hausmann die Auszahlung eines Teilbetrags.

a) Bestimmen Sie die korrekte Kontobezeichnung.
b) Für wen muss die Sparkasse nach der Abgabenordnung und nach dem Geldwäschegesetz eine Legitimationsprüfung durchführen?
c) Wer ist wirtschaftlich Berechtigter nach dem Geldwäschegesetz?
d) Wem stehen die Zinsen aus dem Mietkautionskonto zu?
e) Heribert Hausmann möchte einen Freistellungsauftrag für das Mietkautionskonto stellen. Prüfen Sie den Auftrag.
f) Prüfen Sie, ob Heribert Hausmann der Sparkasse gegenüber nachweisen muss, dass sein Mieter mit seinen Mietzahlungen in Rückstand geraten ist, wenn er eine Auszahlung zulasten des Kautionskontos verlangt.
g) Egon Gold verlangt Auskunft über das Mietkautionskonto. Darf die Sparkasse Auskunft erteilen?
h) Inwieweit ist das Treuhandkonto von einer Pfändung ergriffen, wenn der Vermieter Pfändungsschuldner ist?

→ ***2.3.1.2.5***

16. Storno einer fehlerhaften Gutschrift

Heinz Reich reklamiert am 29.03. bei der Handelsbank AG das Ausbleiben einer Gutschrift in Höhe von 2.500,00 Euro, die ihm von einem Kunden avisiert und die dem Zahlungspflichtigen auch bereits am 25.03. belastet worden ist.

a) Bei der Überprüfung der Zahlungseingänge stellt die Handelsbank AG fest, dass die Gutschrift wegen Angabe einer falschen IBAN auf einem falschen Konto gebucht wurde. Wie kann die Handelsbank AG die fehlerhafte Gutschrift korrigieren?

b) Prüfen Sie, ob sich die Korrekturmöglichkeit verändert, wenn zwischen der fehlerhaften Gutschrift und der Entdeckung der Falschbuchung ein Rechnungsabschluss liegt.

→ *2.3.2*

17. Die Allgemeinen Geschäftsbedingungen

Heinrich Stichling eröffnet bei der Sparkasse Weyhausen ein Girokonto. Bei Unterzeichnung des Kontoeröffnungsantrags fällt ihm eine Klausel auf, die mit

Nr. 8 Allgemeine Geschäftsbedingungen

überschrieben ist. Heinrich Stichling erkundigt sich nach der Bedeutung der Allgemeinen Geschäftsbedingungen. Er hat folgende Fragen:

a) Was versteht man unter den Allgemeinen Geschäftsbedingungen?
b) Wozu dienen die Allgemeinen Geschäftsbedingungen im Geschäftsverkehr?
c) Wie werden die Allgemeinen Geschäftsbedingungen im Verhältnis zu Privatleuten verbindlich?
d) Wann ist dem Kunden ein Exemplar der Allgemeinen Geschäftsbedingungen auszuhändigen?

→ *2.3.2*

18. Abgabenordnung: Legitimationsprüfung bei Direktbanken

Die Bestimmung des § 154 AO fordert, dass kontoführende Stellen „sich zuvor Gewissheit über die Person und Anschrift des Verfügungsberechtigten zu verschaffen" haben.
Beschreiben Sie, wie Direktbanken dieser Verpflichtung nachkommen.

→ *2.3.1.3.1*

2.4 Verfügungsberechtigung

1. Kontoverfügungen einer Auszubildenden

Die 17-jährige Auszubildende Ruth Rot will bei der Sparkasse Seehausen ein Girokonto eröffnen, auf dem ihre Ausbildungsvergütung gutgeschrieben werden soll.

a) Kann Ruth Rot das Girokonto allein einrichten?
b) Ruth Rot möchte ihrem volljährigen Freund eine Kontovollmacht für ihr Girokonto erteilen. Entscheiden Sie, ob die Kontovollmacht eingerichtet werden kann.
c) Ruth Rot bittet um Aushändigung einer SparkassenCard. Unter welchen Voraussetzungen kann die Sparkasse diesem Wunsch entsprechen?
d) Ruth Rot wird volljährig. Prüfen Sie, ob sie jetzt für sich die AGB noch einmal anerkennen muss, nachdem seinerzeit die Eltern der Kontoeinrichtung zugestimmt haben.

→ *2.4.1.1 und 2.4.1.2*

2. Minderjährigenkonto

Ulrich Greimann, 15 Jahre alt, möchte ein Sparkonto eröffnen. Als Einzahlung will er 20,00 Euro leisten, die ihm seine Großmutter ohne Wissen seiner Eltern geschenkt hat.

a) Liegt ein rechtswirksamer Schenkungsvertrag vor?
b) Prüfen Sie, ob ein rechtswirksamer Kontovertrag zustande kommen kann.
c) Wie wäre die rechtliche Situation bei der Sparkontoeröffnung, wenn Ulrich Greimann erst 5 Jahre alt wäre?
d) Ulrich Greimann ist Inhaber eines von seinen Eltern anlässlich seiner Geburt eröffneten Sparkontos, das eine Kündigungsfrist von 3 Monaten aufweist. Das Guthaben beträgt 3.000,00 Euro. Er legt das Sparbuch vor und möchte 50,00 Euro abheben.
Wie verhalten Sie sich in dieser Situation?

→ *2.4.1.2.1*

3. Taschengeld

Zum 16. Geburtstag haben die Eltern von Konrad Kunze sein Taschengeld von 60,00 auf 100,00 Euro pro Monat erhöht. Konrad Kunze verwendet die Taschengelderhöhung
1. für den Ratenkauf eines Mofas (Monatsrate 30,00 Euro),
2. für einen Ratensparvertrag, den er mit der Volksbank Saale eG abschließt (Monatsrate 10,00 Euro).

Als die Eltern nach 4 Monaten von den Ratenverträgen ihres Sohnes erfahren, wollen sie diese nicht gelten lassen. Außerdem wenden sie ein, dass zum Abschluss des Ratenkaufs die Genehmigung des Familiengerichts erforderlich sei. Da diese nicht vorliegt, sei der Kauf des Mofas ohnehin von vornherein unwirksam.

Entscheiden Sie, ob die Eltern
a) dem Ratenkauf und
b) dem Ratensparvertrag
widersprechen können, und begründen Sie Ihre Entscheidung.

→ *2.4.1.2.1*

4. Gesetzliche Vertretung: Vertretung eines Minderjährigen

Martha Habel schenkt ihrem 15-jährigen Enkelkind Lukas Habel bei einem Besuch 15.000,00 Euro und übergibt das Geld seiner Mutter, die das Geld auf ein neu eingerichtetes Sparkonto ihres Sohnes einzahlt. Die Mutter erklärt, dass sie das alleinige Sorgerecht hat.

a) Kann der 15-Jährige den Schenkungsvertrag mit seiner Großmutter allein abschließen?
b) Erklären Sie, wie die Sparkasse sicher feststellen kann, dass die Mutter tatsächlich die alleinige elterliche Sorge hat.

→ *2.4.1.1 und 2.4.1.2*

5. Gesetzliche Vertretung: Kontoführung für einen Betreuten

Das Betreuungsgericht hat für Hugo Sagedorn eine Betreuung wegen geistiger Verwirrung angeordnet. Zur Betreuerin ist die Nichte des Betreuten, Hanna Lobsin, bestellt worden. Für Herrn Sagedorn führt die Volksbank Altenkirchen ein Girokonto mit einem Bestand von 4.000,00 Euro sowie ein Sparkonto mit 3.000,00 Euro.

a) Welchen Einfluss hat die Anordnung der Betreuung auf die Geschäftsfähigkeit von Hugo Sagedorn?

b) Hanna Lobsin möchte, nachdem sie sich als Betreuerin legitimiert hat,
(1) 500,00 Euro vom Girokonto und
(2) 1.300,00 Euro vom Sparkonto
abheben. Entscheiden Sie über die Zulässigkeit der Auszahlungen.
c) Hugo Sagedorn möchte 100,00 Euro von seinem Konto abheben. Entscheiden Sie über die Zulässigkeit der Auszahlung.
d) Auf dem Girokonto von Hugo Sagedorn geht eine Rentennachzahlung in Höhe von 4.500,00 Euro ein. Was hat die Betreuerin zu veranlassen?

→ *2.4.1.2.1*

6. Gesetzliche Vertretung: Führung von Mündelkonten

Horst Grote ist für seinen minderjährigen Neffen Eberhard Grote, dessen Eltern bei einem Autounfall tödlich verunglückten, zum Vormund bestellt worden. Aus einer Kapitallebensversicherung sind 50.000,00 Euro zugunsten von Eberhard Grote fällig geworden.

a) Der Vormund Horst Grote möchte die Versicherungssumme bei der Volksbank Norden eG anlegen. Darf der Vormund Mündelgelder bei einer Volksbank anlegen?
b) Welche Anlagebestimmungen hat der Vormund bei der Anlage der Versicherungssumme zu beachten?
c) Bei wem ist eine Legitimationsprüfung (nach GwG und AO) vorzunehmen?
d) Unter welcher Voraussetzung kann der Vormund über die angelegte Versicherungssumme wieder verfügen?

→ *2.4.1.2 und 2.3.1.3.1*

7. Erteilung einer Vorsorgevollmacht

Richard Schlaff hat seinem Sohn Carsten Schlaff vor mehreren Jahren eine Vorsorgevollmacht auf dem entsprechenden Bankformular erteilt. Der Sohn will 10.000,00 Euro vom Sparkonto seines Vaters bei der Sparkasse Bodenwerder abheben.

a) Was versteht man unter einer Vorsorgevollmacht und welchen Zwecken dient sie?
b) Darf die Sparkasse die 10.000,00 Euro an Carsten Schlaff auszahlen?
c) Wann erlischt eine Vorsorgevollmacht?

→ *2.4.1.3*

8. Vollmacht bis zum Tode

Beate Winter ist Kundin der Ostenweder Volksbank eG. Sie möchte ihrer Freundin eine Kontovollmacht erteilen, die nur zu ihren Lebzeiten gelten soll.
Erläutern Sie der Kundin, warum die Ostenweder Volksbank eG eine solche Vollmacht wahrscheinlich nicht entgegennehmen wird.

→ *2.4.1.3*

9. Kontoführung und Verfügungsberechtigung im Todes- und Erbfall

Der Geschäftsstellenleiter der Kreissparkasse Seehausen, Heinrich Monsees, liest am 25.03. in der „Seehausener Allgemeinen Zeitung" folgende Todesanzeige:

> ***Gustav Kück***
>
> *15.10.1932 † 22.03.2021
>
> In Liebe
> Berta Kück, geb. Stelljes
> Auguste, Gesine, Alfred, Heinrich
>
> 12345 Seehausen, Am Ufer 12
> Die Trauerfeier findet am Freitag, den 29.03.2021, um 11:00 Uhr in der alten Kapelle des Friedhofes Seehausen statt.

Der verstorbene Gustav Kück war Kunde der Kreissparkasse Seehausen.

a) Was hat der Geschäftsstellenleiter Heinrich Monsees zu veranlassen, nachdem er die Todesanzeige gelesen hat?
b) Die Witwe des verstorbenen Kunden legt dem Geschäftsstellenleiter das nachstehend abgebildete handschriftlich verfasste Testament vor, das sie gerade im Nachlass ihres verstorbenen Ehemannes aufgefunden hat:

> *Mein Testament*
>
> *Ich, Gustav Kück, setze meine Ehefrau Berta Kück, geb. Stelljes, zur Alleinerbin meines gesamten Nachlasses ein.*
> *Außerdem vermache ich meinem Neffen Heinrich Stelljes meinen bei der Kreissparkasse Seehausen geführten Sparkassenbrief in Höhe von 20.000,00 Euro einschl. der Zinsen.*
>
> *Seehausen, den 20.01.2000*
>
> *Gustav Kück*

Erläutern Sie, worauf Herr Monsees achten muss, damit er ein Testament als Mittel der Erbenlegitimation akzeptieren kann.

c) Prüfen Sie, ob das vorgelegte Testament den Anforderungen an eine Erbenlegitimation genügt.
d) Erklären Sie, an wen sich der Neffe wegen des ihm zugedachten Sparkassenbriefes wenden muss.
e) Der Erblasser hatte für Mietzahlungen einen Dauerauftrag eingerichtet, der monatlich ausgeführt wurde. Inwieweit muss der Dauerauftrag nach dem Ableben von Herrn Kück weiterhin ausgeführt werden?

→ 2.4.2.1

10. Nachlasskonto

Heinz Blass, Kunde seit über 20 Jahren, ist verstorben. Sie erfahren heute von seinem Tod durch seine Ehefrau Beate.
Folgende Konten werden bei Ihrem Kreditinstitut geführt:

Kontenübersicht				
Kontoart	**Kontobezeichnung**	**Vollmachten** (über den Tod hinaus)	**Kontostand Todestag** (Euro)	**Kontostand heute** (Euro)
Girokonto	Beate und Heinz Blass (Verfügungsvermerk: einzeln)		3.240,00 S	4.661,00 H
Depotkonto	Heinz Blass	Beate Blass	80.000,00 Euro 6 % Pfandbriefe Börsenpreis 101,0 % 100 Stück Deutsche Skala AG Börsenpreis 6,20	 101,1 % 5,85
Darlehenskonto	Heinz Blass (Mitverpflichtete: Beate Blass)		16.500,00 S	16.500,00 S
Sparkonto (Vertrag zugunsten Dritter auf den Todesfall)	Heinz Blass (Begünstigte: Nichte Selma Blass, die Kenntnis von der Zuwendung hat)		10.320,20 H	10.320,20 H

a) Welche Konten und welche Bestände müssen Sie der Erbschaftsteuerstelle des Finanzamts melden?
b) Erbberechtigt sind aufgrund eines Testaments Ehefrau Beate Blass und die gemeinsame Tochter Marianne zu gleichen Teilen. Frau Blass möchte wissen, welche Konten und Bestände in die Erbmasse fallen.
c) Frau Blass möchte allein über das Depotkonto verfügen und die Pfandbriefe veräußern. Darf sie das?
d) Nach Testamentseröffnung und Ausfertigung des Erbscheins möchte Marianne Blass unter Hinweis auf die Testamentsverfügung „zu gleichen Teilen“
da) den Verkauf der Pfandbriefe durch ihre Mutter rückgängig machen,
db) 50 Stück Aktien auf ihr eigenes Depot übertragen lassen,
dc) den Vertrag ihres Vaters zugunsten Dritter rückgängig machen.
Wie verhalten Sie sich? Begründen Sie Ihr Verhalten.

→ 2.4.2.1

11. Erbschaftsteuerliche Meldepflicht

Konrad Kruse ist kürzlich verstorben.
Untersuchen Sie, ob in den folgenden Fällen eine Meldung an die Erbschaftsteuerstelle erforderlich ist. Begründen Sie Ihre Entscheidungen.

a) Konrad Kruse ist Mitinhaber des Kontos Auguste und Konrad Kruse. Kontoguthaben am Todestag: 8.800,00 Euro.
b) Konrad Kruse führt unter seinem Namen ein Sparkonto. Für das Konto besteht ein Vertrag zugunsten Dritter auf den Todesfall. Begünstigte ist Christa König. Kontoguthaben am Todestag 5.782,00 Euro.
c) Konrad Kruse ist Mieter eines Schließfachs. Jahresmiete 100,00 Euro.
d) Konrad Kruse ist Geschäftsführer einer GmbH. Er hat für die GmbH ein Firmenkonto eingerichtet und besitzt darüber Verfügungsbefugnis.

→ 2.4.2.1

12. Kontoverfügungen im Todesfall 1

Der Witwer Emil Menke ist gestorben. Erben sind seine beiden Kinder Samuel Menke und Traute Berger, geb. Menke. Für das Girokonto des Erblassers besteht eine Kontovollmacht über den Tod hinaus für Emil Menkes Lebensgefährtin Olga Schön.

a) Olga Schön teilt der Bank mit, dass Emil Menke gestorben ist, und bittet um Auszahlung von 1.200,00 Euro. Das Konto weist ein Guthaben von 2.600,00 Euro auf. Entscheiden Sie, ob die Auszahlung zulässig ist.
b) Die beiden Kinder möchten bei der Bank über die Konten und Depots des Verstorbenen verfügen. Wie können Erben gegenüber einer Bank ihre Erbberechtigung nachweisen?
c) Samuel Menke widerruft allein die Kontovollmacht von Olga Schön. Entscheiden Sie, ob der Widerruf der Kontovollmacht wirksam ist.
d) Prüfen Sie, ob die Kontobevollmächtigte Olga Schön das Girokonto auflösen könnte.

→ 2.4.2.1

13. Kontoverfügungen im Todesfall 2

Am 20.01. erscheint in Ihrer Geschäftsstelle Anna Hellmann und teilt Ihnen unter Vorlage der Sterbeurkunde mit, dass ihre Mutter Erna Meier am 08.01. verstorben ist.
Diese hat kein Testament hinterlassen. Frau Hellmann hat eine Schwester, Waltraud Meier, die Ihnen nicht bekannt ist.
Nach Auskunft von Frau Hellmann sind weitere Erben nicht vorhanden.

Kontenübersicht				
Kontoart	**Kontobezeichnung**	**Vollmachten** (über den Tod hinaus)	**Kontostand Todestag** (Euro)	**Kontostand heute** (Euro)
Girokonto	Erna Meier	Anna Hellmann	1.412,17 H	1.412,17 H
Sparkonto (3-monatige Kündigungsfrist) gekündigter Betrag: 5.000,00 Euro zum 31.12. des Vorjahres	Erna Meier	———	8.978,24 H	8.978,24 H
Schließfach (Nr. 34125)				

a) Frau Hellmann erkundigt sich, ob sie bereits heute von beiden Konten ihrer verstorbenen Mutter Geldbeträge in bar abheben darf.
Entscheiden Sie jeweils, ob dies möglich ist, und begründen Sie Ihr Ergebnis.
b) Frau Hellmann legt Ihnen die Rechnung des Beerdigungsinstituts in Höhe von 3.742,00 Euro vor und möchte diese vom Guthaben auf dem Sparbuch bezahlen. Erläutern Sie, ob dies zum jetzigen Zeitpunkt möglich ist, und falls ja, welche Maßnahmen nötig sind, um den Auftrag ausführen zu können.
c) Frau Hellmann teilt Ihnen mit, dass die Mietwohnung ihrer Mutter zum 30.04. dieses Jahres gekündigt worden ist. Für die Mietzahlungen hatte Frau Meier einen Dauerauftrag eingerichtet und zudem einem Zeitschriftenverlag für ein Abonnement ein SEPA-Mandat für den Lastschrifteinzug erteilt.
Frau Hellmann möchte gerne wissen,
(1) unter welchen Voraussetzungen Ihr Kreditinstitut den Dauerauftrag für die Miete noch ausführen sowie vorgelegte Lastschriften noch einlösen wird,
(2) welche Schritte konkret erforderlich sind, um den Dauerauftrag sowie den Lastschrifteinzug zu beenden.
d) Frau Hellmann beabsichtigt, zum 30.04. dieses Jahres sämtliche Konten sowie das Schließfach aufzulösen. Ihre Schwester kann sie bei dem hierfür in Ihrer Geschäftsstelle vereinbarten Termin nicht begleiten.
Erläutern Sie, welche Unterlagen Frau Hellmann neben dem Sparbuch und den Schließfachschlüsseln vorlegen muss, damit sie die Auflösung alleine vornehmen kann.

→ 2.4.2.1

14. Erbrechtliche Auswirkungen der EU-ErbVO

In einem Beratungsgespräch erkundigt sich Ihr Kunde, Roberto Calzone, über erbrechtliche Änderungen durch das Inkrafttreten der EU-Erbrechtsverordnung (kurz: ErbVO). Herr Calzone ist italienischer Staatsbürger und lebt ganzjährig in Deutschland, wo er eine Pizzeria betreibt.

a) Herr Calzone möchte wissen, welches Erbrecht für ihn gilt, wenn er versterben sollte.
b) Erläutern Sie, ob es weiterhin bei Erbfällen mit Auslandsbezug einen deutschen Erbschein gibt.

→ 2.4.2.1

15. Testamentsvollstreckung

Für den Nachlass Ihres verstorbenen Kunden Eugen Lobedank wurde ein Testamentsvollstrecker bestellt.

a) Wie kann sich der Testamentsvollstrecker legitimieren?
b) Welche Aufgaben hat der Testamentsvollstrecker?
c) Die Lebensgefährtin des Verstorbenen mit Vollmacht über den Tod hinaus möchte 500,00 Euro vom Nachlasskonto überweisen. Entscheiden Sie, ob der Auftrag ausgeführt werden kann,
   (1) bevor der Testamentsvollstrecker,
   (2) nachdem der Testamentsvollstrecker
   sein Amt angenommen hat.

→ 2.4.2.1

16. Widerruf einer Kontovollmacht

Arnold Schwarz ist am 15.05. verstorben. Seine Lebensgefährtin hat für das Girokonto des Verstorbenen eine Vollmacht über den Tod hinaus. Alleinerbe ist sein Sohn Egon.

Am 16.05. widerruft Egon Schwarz telefonisch die Kontovollmacht. Die Sparkasse akzeptiert den telefonischen Widerruf. Am 17.05. zahlt die Sparkasse 2.000,00 Euro an die Lebensgefährtin des Verstorbenen aus.

Egon Schwarz beanstandet die Zahlung und verlangt von der Sparkasse, dass die Auszahlung rückgängig gemacht wird. Die Sparkasse weigert sich und beruft sich auf Nr. 4 ihrer Allgemeinen Geschäftsbedingungen.

> ***Nr. 4 Abs. 1 AGB Sparkassen***
> *Der Sparkasse bekannt gegebene Vertretungs- oder Verfügungsbefugnisse gelten, bis ihr eine Mitteilung über das Erlöschen oder eine Änderung schriftlich [...] zugeht, [...]*

Hat Egon Schwarz eine Chance, den Betrag zurückzubekommen?

→ 2.4.1.3

17. Kontoführung und Verfügungsberechtigung im Insolvenzfall

Die Firma Burg Maschinenbau GmbH unterhält bei der Kreditbank AG ein Girokonto.

a) Aus dem Lokalteil der Tageszeitung erfährt der Kontoführer, dass die Gesellschaft Insolvenz angemeldet hat. Welche Auswirkungen hat diese Information auf die Kontoführung?
b) Die Buchhalterin der Gesellschaft Else Herbst reicht verschiedene Überweisungen ein. Sie besitzt Kontovollmacht. Entscheiden Sie, ob die Überweisungen ausgeführt werden, und begründen Sie Ihre Entscheidung.

c) Der Geschäftsführer der GmbH, Torsten Dreher, hat Bedenken, dass die Insolvenzeröffnung Auswirkungen auf die Führung seiner Privatkonten hat. Nehmen Sie dazu Stellung.
d) Nach der Eröffnung des Insolvenzverfahrens meldet sich der Wirtschaftssachverständige Carsten Rehder und weist sich als Insolvenzverwalter aus. Er bittet um Auskunft über das Konto und weist die Bank an, zulasten des Kontos Löhne zu zahlen. Kommen Sie diesem Verlangen nach?

→ *2.4.2.2*

18. Kontopfändung und AGB-Pfandrecht

Paula Krause ist Kundin der Volksbank Braunatal eG. Sie unterhält ein Girokonto, dessen Dispositionskredit über 6.000,00 Euro voll in Anspruch genommen worden ist. Außerdem hat sie noch ein Sparkonto mit einem Guthaben von 2.740,00 Euro bei der Volksbank.
Per Post geht der Bank vom Finanzamt ein Pfändungs- und Überweisungsbeschluss wegen unbezahlter Steuerverbindlichkeiten in Höhe von 2.890,00 Euro zu. Sie wird darin aufgefordert, das Guthaben bis zur Begleichung gesperrt zu halten. Die Volksbank kündigt daraufhin fristlos den Dispositionskredit, stellt ihn fällig und verwendet das Sparguthaben zur Teilabdeckung.

a) Nehmen Sie Stellung zu der Frage, ob die Bank das Sparguthaben trotz der bekannt gewordenen Pfändung zur Abdeckung der Überziehung verwenden kann.
b) Beschreiben Sie den Umfang des AGB-Pfandrechts.
c) Paula Krause hat bei der Volksbank auch noch ein Schließfach. Erläutern Sie, ob sich das AGB-Pfandrecht auch auf die Inhalte des Schließfachs erstreckt.

→ *2.4.2.2*

2.5 *Kontoführung, Kontoabschluss und Kontoauflösung*

1. Rechnungsabschluss

Heinrich Mahnken ist seit dem 15. Februar Girokunde der Nordbank AG. Er legt dem Kundenberater einen Kontoauszug vor, der ihm am 01.04. zugestellt worden ist, und bittet um einige Auskünfte zu dem Auszug.

a) Auf dem Kontoauszug steht der Hinweis *„Rechnungsabschluss"*, den er auf bisherigen Auszügen nicht gefunden hat. Er bittet um Erläuterung, was der Hinweis „Rechnungsabschluss" zu bedeuten hat.
b) Außerdem steht auf dem Kontoauszug der Vermerk *„Umseitige Hinweise beachten"*. Dort findet er: *„Rechnungsabschlüsse gelten als genehmigt, sofern Sie innerhalb von sechs Wochen nach Zugang keine Einwendungen erheben."*
Heinrich Mahnken bittet um Auskunft, welche Bedeutung dieser Vermerk für ihn hat.

→ *2.5.2*

2. Abschluss eines Girokontos

Der Girokunde Ludwig Sauter stellt bei Durchsicht seiner Kontoauszüge fest, dass bei einigen Buchungen Buchungstag und Tag der Wertstellung auseinanderfallen.

a) Er bittet seinen Kundenberater, ihm den Unterschied zwischen Buchungstag und Wertstellung zu erläutern.
b) Außerdem beanstandet er, dass die Bank ihm Sollzinsen in Rechnung gestellt hat, obwohl er den ihm eingeräumten Dispositionskredit nie in Anspruch genommen hat. Erklären Sie den Sachverhalt.

→ *2.5.2*

3. Abschluss eines Kontokorrentkontos 1

Das Kundenkontokorrentkonto Albrecht Schrader weist im 3. Quartal folgende Umsätze aus:

30.06.	Saldo	H	1.800,00 Euro
08.07.	Belastung (Überweisung)	S	6.500,00 Euro
15.07.	Belastung (Überweisung)	S	13.300,00 Euro
07.08.	Gutschrift (Einzahlung)	H	8.500,00 Euro
23.08.	Belastung (Scheckeinlösung)	S	5.600,00 Euro
10.09.	Gutschrift (Überweisungseingang)	H	21.600,00 Euro

Dem Kunden steht ein Dispositionskredit von 10.000,00 Euro zur Verfügung.
Erstellen Sie den Quartalsabschluss zum 30.09. Stellen Sie dazu eine Zinsstaffel auf.

Auszug aus dem Preis- und Leistungsverzeichnis

Zinssatz für Guthaben ab 5.000,00 Euro .... 0,5 %
Zinssatz für Dispositionskredite .... 9,0 %
Zinssatz für geduldete Überziehungen .... 15,0 %

Grundpreis des Kontos je Quartal 5,00 Euro
Postenentgelt je Buchungsposten 0,25 Euro

→ 2.5.2

4. Abschluss eines Kontokorrentkontos 2

Der Einzelhändler Egon Evermann unterhält bei der Kreditbank AG ein Kontokorrentkonto. Im 3. Quartal sind folgende Umsätze angefallen:

30.06.	Vortrag	H 6.200,00 Euro
08.08.	Überweisungsausgang	S 10.900,00 Euro
20.09.	Lastschrift	S 12.100,00 Euro

Eingeräumter Kontokorrentkredit 15.000,00 Euro

Auszug aus dem Preis- und Leistungsverzeichnis

Zinssatz für Guthaben ab 5.000,00 Euro .... 1 %
Zinssatz für eingeräumte Kontokorrentkredite .... 10 %
Zinssatz für Kontoüberziehungen (geduldeter Überziehungskredit) .... 15 %

Grundpreis des Kontos pro Quartal .... 5,00 Euro
Postenentgelt je Buchungsposten .... 0,25 Euro

Erstellen Sie die Kontoabrechnung zum 30.09.

→ 2.5.2

5. Abschluss eines Kontokorrentkontos 3

Das Konto des Ehepaares Bleckmann ist abzurechnen.
Das Konto wies per 31.12. eine Überziehung von 14.420,00 Euro auf. Nach einem Beratungsgespräch wurde der Dispositionskredit per 01.02. von 10.000,00 Euro auf 20.000,00 Euro erhöht.

Konditionen:
8 % p. a. Zinssatz für beanspruchte Dispositionskredite, 11 % p. a. Zinssatz für geduldete Überziehungen

Umsätze:		Euro
01.01.	Verfügung am GA	400,00
05.01.	Kreditkartenabrechnung	1.720,00
10.01.	Scheckbelastung	400,00
20.01.	Lastschrift	650,00
29.01.	Gehaltseingang	3.950,00
10.02.	Scheckgutschrift E. v.	350,00
15.02.	Gehaltseingang	620,00
16.02.	Barabhebung	1.000,00
01.03.	Gehaltseingang	4.100,00
14.03.	Gehaltseingang	620,00
20.03.	ec-cash	750,00
22.03.	Lastschrift	300,00

→ 2.5.2

6. Abschluss eine Kontokorrentkontos 4

Das Konto der Eheleute Schwarz wurde am 13. November eröffnet.

a) Rechnen Sie das Konto zum 13.12. ab.

Konditionen:
0,5 % p. a. Habenzinsen, 9,0 % p. a. Zinssatz für beanspruchte Dispositionskredite, 13,0 % p. a. Zinssatz für geduldete Überziehungen. Am 10.12. wurden die Sollzinssätze für Dispositionskredite wie auch für geduldete Überziehungen um jeweils 1 % heraufgesetzt. 7,00 Euro Kontoführungspauschale pro Monat. Ein Dispositionskredit wurde nicht eingeräumt.

Umsätze:		Euro
13.11.	Einzahlung	3.000,00
15.11.	Überweisungsausgang	1.250,00
05.12.	Lastschrift	430,00
05.12.	Auszahlung am GA	500,00
08.12.	Überweisungsausgang	2.960,00
09.12.	Überweisungsausgang	1.300,00
12.12	ec-cash	710,00
15.12.	Gehaltsgutschrift	5.200,00

b) Wie ändert sich die Zinsbelastung für das Ehepaar, wenn ab 01.12. ein Dispositionskredit in Höhe von 5.000,00 Euro eingeräumt wurde?

→ 2.5.2

7. Abschluss eines Kontokorrentkontos 5

Erstellen Sie die Abrechnung für das vierte Quartal für die Girokundin Vera Blume.

Konditionen:

Zinsen für beanspruchte Dispositionskredite 9,0 % p. a., Zinsen für geduldete Überziehungen 12,0 % p. a., Habenzinsen auf Guthaben über 5.000,00 Euro 1 % p. a., Kontoführungspauschale 24,00 Euro pro Quartal. Eingeräumter Dispositionskredit 9.000,00 Euro.

Umsätze:		Euro
30.09.	Saldovortrag Soll	9.750,00
10.10.	Wertpapierkauf	6.432,00
26.10.	Überweisungseingang	12.000,00
31.10.	Wertpapierverkauf	9.460,00
03.11.	Scheckeinzug	5.000,00
18.11.	Scheckbelastung	17.500,00
25.11.	Überweisungsausgang	4.400,00
30.11.	Wertpapierkauf	8.250,00
18.12.	Übertrag vom Sparkonto	25.000,00
28.12.	Überweisungseingang	3.120,00

→ 2.5.2

8. Abschluss eines Kontokorrentkontos 6

Erstellen Sie die Abrechnung für das zweite Quartal für Emil Grubert.

Konditionen:

Sollzinsen 10 % p. a., Habenzinsen 0,5 % p. a., Postengebühr 0,30 Euro je Buchungsposten, kein Grundpreis. Eingeräumter Dispositionskredit 20.000,00 Euro.

Umsätze:		Euro
31.03.	Saldovortrag Haben	1.832,50
04.04.	Überweisungseingang	2.280,00
05.04.	Lastschrift	2.430,00
15.04.	Barabhebung	3.000,00
16.04.	Scheckeinreichung	4.000,00
30.04.	Annuität Grundschuld	7.250,00
14.05.	Scheckbelastung	1.200,00
22.05.	Scheckgutschrift	3.000,00
30.05.	Lastschrift	1.750,00
07.06.	Barscheck	2.178,20
19.06.	Überweisungseingang	3.222,40
26.06.	Überweisungseingang	4.231,70

→ 2.5.2

9. Kontokündigung

Für Jürgen Weiss wurde bei der Sparkasse Dannenberg ein Konto eröffnet, nachdem er folgende Zusatzvereinbarung akzeptierte:
„Die Sparkasse behält sich vor, die Kontoverbindung jederzeit fristlos zu kündigen, wenn die Leistungen des Kreditinstituts missbraucht werden."

a) Was könnte die Sparkasse veranlasst haben, eine solche Zusatzvereinbarung zu verlangen?
b) Nennen Sie Tatbestände, die zu einer Kündigung aus wichtigem Grund führen können.

→ 2.5.3

2.6 *Bankgeheimnis und Bankauskunft*

1. Bankgeheimnis

Alice Koch, Verwaltungsfachangestellte und Kundin Ihres Kreditinstitutes, ist durch die vielen Presseberichte zur möglichen Kontoabfrage durch die Finanzämter verunsichert worden. Sie möchte wissen, ob in Deutschland das Bankgeheimnis noch existiert oder ob es durch die neuen Regelungen aufgehoben wurde. Informieren Sie Frau Koch.

a) Was ist das Bankgeheimnis?
b) Welche Rechtsgrundlagen gelten für das Bankgeheimnis?
c) Wie funktioniert die Kontenabfrage durch die Finanzämter?
d) Welche weiteren Ausnahmen vom Bankgeheimnis gibt es?
e) Welche Konsequenzen können sich ergeben, wenn die Bank bzw. ein Mitarbeiter der Bank das Bankgeheimnis verletzt hat?

→ 2.6.1

2. Bankauskunft

Sie haben der Sparkasse des Nachbarortes eine Bankauskunft über die Medical GmbH, die bei Ihrem Kreditinstitut ein Girokonto unterhält, erteilt.
Matthias Wiedener, Geschäftsführer der Medical GmbH, ist der Meinung, dass die Auskunft einen Verstoß gegen das Bankgeheimnis darstellt, da er vorher nicht um Zustimmung gebeten worden sei. Nehmen Sie zu diesem Vorwurf Stellung.

a) Erläutern Sie Herrn Wiedener den Inhalt von Bankauskünften.
b) Welche Regelungen gelten nach den AGB für die Erteilung von Bankauskünften über private und juristische Personen? Haben Sie gegen diese Regelungen bei der Bankauskunft an die Sparkasse verstoßen?
c) Wem dürfen Kreditinstitute Bankauskünfte erteilen?
d) In welcher Form werden Bankauskünfte grundsätzlich erteilt?

→ 2.6.2

3. Auskunftserteilung

Bearbeiten Sie folgende Aufgaben zur Auskunftserteilung!

a) Erläutern Sie unter Einbeziehung des Datenschutzgesetzes (und der DSGVO), warum für die Erteilung von Bankauskünften über Privatkunden andere Grundsätze gelten als z. B. für juristische Personen.
b) Begründen Sie, warum auch Privatkunden der Erteilung einer Bankauskunft über ihre Kontoverbindung zustimmen müssen.
c) Welche weiteren Möglichkeiten haben Kreditinstitute, um über Kunden Auskünfte zu erhalten? Woher stammen diese Informationen?
d) Im Freundeskreis werden Sie aufgefordert, über die Kontobewegungen auf dem Konto eines gemeinsamen Bekannten Auskunft zu geben. Wie verhalten Sie sich?
e) Ein Geschäftskunde weist darauf hin, dass bald eine Auskunft über ihn eingeholt würde. Von dem möglichen Geschäftspartner hinge die Zukunft der Firma maßgeblich ab. Er bittet, dass die Bank die Auskunft sehr positiv abfasst und ihn für 0,5 Mio. Euro gut hält. Der Kunde hat seinen Kreditrahmen von 100.000,00 Euro in letzter Zeit häufiger überzogen. Wie verhalten Sie sich?

→ 2.6.2

4. SCHUFA-Meldung

Begründen Sie, in welchen Fällen eine SCHUFA-Meldung der Kreditbank AG erforderlich ist:

a) Eröffnung eines Sparkontos mit einer Einlage von 1.000,00 Euro.
b) Eröffnung eines kostenlosen Schülergirokontos für Matthias Schmied.
c) Eröffnung eines Depotkontos für Christine Dolge. Sie besitzt bereits ein Girokonto.
d) Die Bank erfährt, dass der Inhaber eines Girokontos verstorben ist.
e) Mehrere Lastschriften für das Konto eines Kunden mussten mangels Deckung zurückgegeben werden.

→ 2.6.4

5. Erbschaftsteuer-Meldung

Der Kunde der Sparkasse Fischland, Eugen Röper, ist am 12. Juni verstorben. Die Ehefrau des Verstorbenen informiert die Sparkasse am 19. Juni unter Vorlage der Sterbeurkunde.

Eugen Röper hat bei der Sparkasse ein Schließfach und die folgenden Konten:

Konto	Zinssatz	Guthaben per		
		11.06.	12.06.	13.06.
Gemeinschafts-Girokonto Nr. 103126875	0	180,00 Euro	520,00 Euro	350,00 Euro
Sparkonto Nr. 708123975	2	2.000,00 Euro	1.000,00 Euro	1.000,00 Euro
Sparkassenbrief Nr. 180360530	3	6.000,00 Euro	6.000,00 Euro	6.000,00 Euro

Als Mitarbeiter im Back-Office werden Sie beauftragt, die Erbschaftsteuer-Meldung zu bearbeiten.

a) Innerhalb welcher Frist müssen Sie die Erbschaftsteuer-Meldung vornehmen?
b) Bis zu welchem Nachlassvermögen, das bei der Sparkasse unterhalten wird, kann eine Erbfallmeldung unterbleiben?
c) Auf welchen Stichtag müssen Sie die Erbschaftsteuer-Meldung abstellen?
d) Welche Beträge nehmen Sie in die Erbschaftsteuer-Meldung auf?
e) Nehmen Sie das Schließfach in die Erbfallmeldung auf?

→ 2.6.1.2

2.7 *Verhinderung von Geldwäsche, Terrorismusfinanzierung und sonstigen strafbaren Handlungen*

1. Maßnahmen zur Verhinderung der Geldwäsche

Franco Garibaldi, Inhaber einer Pizzeria, richtet bei der Kreditbank AG ein Girokonto ein.

a) Welche Verpflichtungen hat die Kreditbank AG im Rahmen der Kontoeinrichtung nach dem Geldwäschegesetz (GwG)?
b) In der folgenden Zeit häufen sich Einzahlungen auf das Girokonto durch dritte Personen, die nicht Kunden der Bank sind. Alle Einzahlungen liegen zwischen 12.500,00 Euro und 14.800,00 Euro. Prüfen Sie, ob die Kreditbank AG daraus Folgerungen im Zusammenhang mit dem GwG ziehen muss.

→ 2.7.2

2. Geldwäscherechtliche Verpflichtungen bei Einrichtung eines Kontos für eine GmbH

Der Geschäftsführer der Hansa-Maschinenbau GmbH richtet bei der Sparkasse Seehausen ein Firmenkonto ein. Gesellschafter sind Anton Huber, Bruno Kunze und Christian Schulz. Huber und Kunze sind mit je 30 % und Schulze ist mit 40 % am Stammkapital der Gesellschaft beteiligt.

a) Welche Angaben sind nach dem GwG zur Feststellung der Identität der Gesellschaft zu erheben?
b) Welche Dokumente muss sich die Sparkasse vorlegen lassen?
c) Wie ist zu verfahren, wenn es für die Sparkasse nicht möglich ist, die Verpflichtungen nach dem GwG zu erfüllen?
d) Wann kann von einer Identifizierung nach dem GwG abgesehen werden?
e) Wer ist wirtschaftlich Berechtigter i. S. des GwG?

→ 2.7

3. Geldwäscherechtliche Besonderheiten bei Flüchtlingskonten

Der Auszubildende der Privatbank AG, Armin Eifrig, hat durch die Medien bereits viel über die sogenannte Flüchtlingskrise mitbekommen. Ihm ist bewusst, dass gerade auch Flüchtlinge ein besonderes Interesse an einem Girokonto haben, um am Zahlungsverkehr teilnehmen zu können.
Er erkundigt sich bei seinem Ausbilder, welche – besonderen – Anforderungen an Legitimationspapiere ausländischer Kunden, z. B. Flüchtlinge, zu stellen sind, wenn diese bei der Privatbank AG ein Girokonto, beispielsweise als Basiskonto, eröffnen möchten.

→ 2.7 und 2.2.2

2.8 Beschwerderegelungen

1. Beschwerde eines Kunden 1

Otto Claußen, Kunde der MerkurBank AG, wendet sich an den zentralen Kundenservice der Bank. Er behauptet, die Bank verweigere die Auszahlung eines fest zugesagten Darlehens in Höhe von 5.000,00 Euro. Jetzt sei er dadurch in erhebliche finanzielle Schwierigkeiten geraten.
Der zentrale Kundenservice verweist auf die Zuständigkeit der Filiale. Dort wird die Auszahlung des Darlehens weiterhin abgelehnt mit der Begründung, die finanziellen Verhältnisse des Kunden hätten sich seit der Zusage massiv verändert. Otto Claußen wendet sich daraufhin an den Ombudsmann des privaten Bankgewerbes.

a) Welche Funktion hat der Ombudsmann?
b) Wer kann sich an den Ombudsmann wenden?
c) Unter welchen Voraussetzungen kann der Ombudsmann angerufen werden?
d) Wie läuft das Beschwerdeverfahren über den Ombudsmann ab?
e) Welche Wirkung hat ein Schlichtungsspruch des Ombudsmanns?

→ 2.8.2

2. Beschwerde eines Kunden 2

Der Inhaber eines Lohn- und Gehaltskontos beschwert sich, dass ihm Sollzinsen belastet wurden, obwohl sein Konto stets einen Habensaldo aufwies.
Erläutern Sie dem Kunden, dass dies seine Ursache in einem Auseinanderfallen von Buchungstag und Wertstellung bei einer Gutschrift haben kann.

→ 2.8

3. Beschwerdeanlässe

a) In welchen Fällen kann sich ein Kunde an die Schlichtungsstelle bei der Deutschen Bundesbank wenden?
b) In welchen Fällen kann ein Kunde bei behaupteten Meinungsverschiedenheiten Beschwerde bei der Bundesanstalt für Finanzdienstleistungsaufsicht einlegen?

→ 2.8

3 Zahlungsverkehr

3.1 Zahlungsmittel und Zahlungsformen

1. Gesetzliche Zahlungsmittel

Inka Schulze, Kundin der Volksbank Uelzen eG, findet bei Auflösung der Wohnung ihrer verstorbenen Tante eine Kassette, in der sich auf DM lautende Banknoten und auf DM und Pfennige lautende Münzen befinden. Sie bittet ihre Bank, den Gesamtbetrag von 538,20 DM, davon 8,20 DM in Münzen, auf ihrem Konto gutzuschreiben.

a) Die Deutsche Mark ist heute kein gesetzliches Zahlungsmittel mehr. Gesetzliche Zahlungsmittel sind ausschließlich Euro-Noten und auf Euro sowie Cent lautende Münzen. Wodurch sind gesetzliche Zahlungsmittel gekennzeichnet?
b) Wie und wann wurde die Deutsche Mark auf Euro umgestellt?
c) Kann die Volksbank die DM-Beträge sowie die auf DM bzw. Pfennige lautenden Münzen noch gutschreiben?
d) Nennen Sie Zahlungsmittel, die im täglichen Zahlungsverkehr üblich sind, die aber keine gesetzlichen Zahlungsmittel darstellen.

→ 3.1.1

2. Arten des Geldes

An der Kasse Ihres Kreditinstituts werden im Verlauf eines Tages folgende Vorgänge bearbeitet:

(1) Ein Kunde zahlt zwei Banknoten zu je 100,00 Euro, eine Banknote zu 50,00 Euro, drei Banknoten zu 5,00 Euro sowie zehn Münzen zu je 2,00 Euro auf sein Girokonto ein.
(2) Ein Nichtkunde legt einen Barscheck über 200,00 Euro zur Auszahlung vor, den ein Kunde Ihres Kreditinstituts ausgestellt hat.
(3) Ein Kunde kauft zulasten seines Kontos 700,00 Schweizer Franken.

a) Erläutern Sie am ersten Vorgang den Unterschied zwischen Bargeld und Buchgeld.
b) Ist der Scheck über 200,00 Euro Bargeld oder Buchgeld?
c) Wie wird ausländisches Bargeld, z. B. Schweizer Franken, bezeichnet?
d) Ein Kunde bittet Sie um Auskunft, ob er zur Begleichung einer Verbindlichkeit einen Scheck annehmen muss. Entscheiden und begründen Sie, wann der Schuldner seine Schuld tatsächlich beglichen hat.
e) Warum zählen Spareinlagen nicht zum Buchgeld?

→ 3.1.1

3. Zahlungsformen

Als Zahlungsformen werden Barzahlungen, halbbare und bargeldlose Zahlungen unterschieden. Ergänzen Sie die unvollständige Übersicht der verschiedenen Zahlungsformen.

Zahlungspflichtiger leistet den Zahlungsbetrag	**Zahlungsempfänger erhält den Zahlungsbetrag**	**Zahlung durch ...** (Zahlungsmittel oder Formular eintragen)	**Bezeichnung der Zahlungsform**
bar: direkte Übergabe von Banknoten und Münzen an den Zahlungsempfänger	**bar:** direkter Empfang von Banknoten und Münzen vom Zahlungspflichtigen	...	Barzahlung
bar: Einzahlung bei einem Kreditinstitut	**unbar:** Gutschrift auf einem Konto bei einem Kreditinstitut	...	...
unbar: Abbuchung von einem Girokonto	**bar:** Auszahlung bei einem Kreditinstitut	...	...
unbar: Abbuchung von einem Girokonto	**unbar:** Gutschrift auf einem Girokonto	...	...

→ 3.1.2

4. Vorteile des bargeldlosen Zahlungsverkehrs

Nennen Sie die wesentlichen Vorteile des bargeldlosen Zahlungsverkehrs

a) aus Sicht des Bankkunden,
b) aus Sicht des Kreditinstituts.

→ 3.1.1

3.2 *Kassengeschäfte*

1. Falschgeld

Herbert Grün, Kunde der Volksbank Hannover, hat sein gebrauchtes Auto zum Preis von 4.500,00 Euro verkauft. Den Kaufpreis hat der Käufer bar übergeben. Als Herbert Grün den Betrag auf sein Konto einzahlen will, trifft ihn eine herbe Überraschung. Der Kassierer stellt fest, dass es sich um Falschgeld handelt.

a) Was hat der Kassierer der Volksbank zu veranlassen, nachdem er das Falschgeld identifiziert hat?
b) Welche Ansprüche kann Herbert Grün geltend machen?

→ 3.2.1

2. Einzahlungen am Tag- und Nachttresor

Der REKA-Supermarkt ist Kunde Ihres Kreditinstituts. Der Supermarkt zahlt die Vormittagseinnahmen gegen 12:45 Uhr und die Nachmittagseinnahmen gegen 19:00 Uhr durch Einwurf in den Tag- und Nachttresor bei Ihrem Kreditinstitut ein.

a) Was spricht aus der Sicht des Kunden dafür, täglich zweimal einzuzahlen?
b) Welche Dokumente darf der Kunde außer Bargeld in den Tag- und Nachttresor einliefern?
c) Welche Angaben hat der Kunde auf dem Einzahlungs- bzw. Einlieferungsschein zu machen?
d) Wer trägt das Risiko, wenn der Kunde unmittelbar vor dem Einwurf überfallen und ihm die Kassette mit Inhalt geraubt wird?
e) Wie wird der Empfang einer Einwurfkassette bestätigt?
f) Wie prüft Ihr Kreditinstitut bei der Einlieferung von gerolltem Münzgeld, ob Rolleninhalt und aufgedruckter Wert übereinstimmen?
g) Welcher Betrag ist maßgebend, wenn der Bargeldbetrag in der Kassette und der Betrag auf dem beiliegenden Einzahlungsbeleg nicht übereinstimmen?
h) Wodurch ist der Kunde gegen Unterschlagung durch einen Angestellten des Kreditinstituts geschützt?
i) In der Vormittagseinzahlung befindet sich eine Banknote über 50,00 Euro, bei der der Kassierer den Verdacht hegt, dass es sich um Falschgeld handelt. Was hat Ihr Kreditinstitut zu unternehmen?

→ 3.2.1

3. Barauszahlungen an Nichtkontoinhaber

Inge Weinert möchte während der Abwesenheit ihres Mannes Bargeld von seinem Privatgirokonto abheben, Kontostand: 632,17 Euro Haben, Dispositionskredit: 4.000,00 Euro. Prüfen und begründen Sie, ob Ihr Kreditinstitut in den folgenden Fällen auszahlen darf.

a) Inge Weinert hat keine Vollmacht. Sie legt eine von ihr selbst unterschriebene Auszahlungsquittung über 800,00 Euro vor.
b) Inge Weinert hat keine Vollmacht. Sie legt einen von ihrem Mann unterschriebenen Barscheck über 1.000,00 Euro vor.
c) Inge Weinert hat keine Vollmacht und legt eine von ihrem Mann unterschriebene Auszahlungsquittung über 400,00 Euro vor.
d) Inge Weinert hat eine Vollmacht und legt eine von ihr selbst unterschriebene Auszahlungsquittung über 1.500,00 Euro vor.
e) Inge Weinert hat eine Vollmacht und legt einen von ihr selbst unterschriebenen Barscheck über 600,00 Euro vor.

→ 3.2.2

3.3 Rahmenbedingungen für den bargeldlosen Zahlungsverkehr

1. Kontoidentifikation durch die IBAN

Erika Thiessen ärgert sich immer wieder über die lange IBAN, die sie bei Überweisungen eintragen muss.

a) Was bedeutet IBAN?
b) Wie ist die IBAN aufgebaut?
c) Erna Thiessens IBAN für ihr Konto bei der Hamburger Sparkasse lautet: DE36 2005 0550 1161 2233 66. Geben Sie ihr einen Tipp, wie sie sich diese Zahl leichter merken kann.
d) Welche Bedeutung hat die IBAN für die Ausführung von SEPA-Zahlungsaufträgen?
e) Welche Bedeutung hat der BIC für die Ausführung von SEPA-Zahlungsaufträgen?

→ 3.3.3.1

2. Gironetze

Bei der Niedersachsenbank AG, Hannover, werden folgende Überweisungsaufträge von Kunden ausgeführt:

- 1.082,00 Euro zugunsten Firma Gebr. Hentsch & Co., München, Konto bei der Handels- und Privatbank AG, München
- 20.000,00 Euro zugunsten Firma Nord-West-Finanz-GmbH, Göttingen, Konto bei der Creditbank AG, Göttingen
- 550,00 Euro zugunsten Anton Biermeyer, Braunschweig, Konto bei der Volksbank Braunschweig

Die Niedersachsenbank unterhält Filialen in Göttingen, Braunschweig und Lüneburg. Die Zentrale in Hannover führt für alle Filialen Verrechnungskonten. Jede Filiale führt ein Verrechnungskonto „Zentrale". Zur Abwicklung des Zahlungsverkehrs dient das Konto bei der Hauptverwaltung der Bundesbank in Hannover.

a) Welche Ausführungs- und Verrechnungswege stehen der Niedersachsenbank zur Verfügung?
b) Wie muss die Überweisung über 1.082,00 Euro ausgeführt werden?
c) Entscheiden Sie, welche Ausführungswege für die Überweisungen über 20.000,00 Euro und 550,00 Euro unter Kosten- und Ertragsgesichtspunkten am günstigsten sind.
d) Wie werden die Forderungen und Verbindlichkeiten innerhalb des Filialnetzes der Niedersachsenbank verrechnet?

→ *3.3.4*

3.4 *Instrumente des bargeldlosen Zahlungsverkehrs*

1. Überweisung: Gutschriftsregeln

Die Trainingsakademie GmbH reicht der MainhattanBank AG in Frankfurt am Dienstag, den 21.09. um 09:00 Uhr, zwei beleghafte Überweisungen über 1.230,00 Euro und 1.600,00 Euro ein, die möglichst schnell ausgeführt werden sollen.

a) Die MainhattanBank AG führt die Überweisungsaufträge noch am Eingangstag aus:
   - Empfänger 1 hat sein Konto bei der MainhattanBank AG.
   - Empfänger 2 hat sein Konto bei der Münchner Sparkasse.

   Bis wann müssen den Empfängern die Überweisungsbeträge spätestens gutgeschrieben werden?
b) Am darauf folgenden Tag teilt die Trainingsakademie GmbH der MainhattanBank AG mit, dass die Rechnung für den Empfänger 1 bereits anderweitig bezahlt wurde. Der Überweisungsauftrag soll daher nicht mehr ausgeführt werden. Kann die MainhattanBank AG dem Wunsch der Trainingsakademie GmbH entsprechen?
c) Eine Woche nach Einreichung der Überweisungen teilt Ihnen die Trainingsakademie GmbH mit, dass dem Empfänger 2 der Überweisungsbetrag immer noch nicht gutgeschrieben wurde. Prüfen Sie, ob die MainhattanBank AG gegenüber der Trainingsakademie GmbH für Ansprüche aus der verspäteten Gutschrift des Überweisungsbetrags haftet.

→ *3.4.3.2*

2. Überweisung: Abwicklung einer Überweisung

Der Girokunde Heinrich Schalau reicht am 08.10. bei der Sparkasse Emmental, Geschäftsstelle Mitte, einen Überweisungsauftrag über 264,00 Euro ein. Zahlungsempfänger ist die Buchhandlung Schimmel, die ihre Kontoverbindung bei der Sparkasse Emmental, Geschäftsstelle Nord, unterhält. Da auf dem Konto ausreichende Deckung vorhanden und das Überweisungsformular korrekt ausgefüllt ist, führt die Sparkasse die Überweisung noch am gleichen Tag aus.

a) Welche Rechtsgrundlage besteht für die Ausführung der Überweisung?
b) Welche rechtliche Beziehung besteht zwischen der Sparkasse Emmental und der Buchhandlung Schimmel?
c) Innerhalb welcher Frist hat die Sparkasse die Überweisung auszuführen?
d) Durch ein technisches Versehen wird die Überweisung nicht dem Konto der Buchhandlung Schimmel, sondern dem Girokonto der Weinhandlung A. Schimmel gutgeschrieben. Sofort nach Gutschrift bemerkt die Sparkasse den Fehler. Wie kann sie die Fehlbuchung korrigieren?
e) Die Sparkasse bemerkt die Fehlbuchung erst nach einem Rechnungsabschluss. Wie kann die Fehlbuchung jetzt noch korrigiert werden?
f) Bei Angabe einer falschen IBAN, aber richtiger Empfängerbezeichnung wird der Überweisungsbetrag einem falschen Konto gutgeschrieben. Heinrich Schlau ist der Meinung, dass sich die Sparkasse in einem derartigen Fall nach der Empfängerbezeichnung zu orientieren habe. Er besteht auf nochmalige Zahlung. Wer ist für die fehlerhafte Ausführung der Überweisung verantwortlich?

→ *3.4.3*

3. Überweisung: Echtzeit-Überweisung

Der Girokunde Martin Müller hat sich bei einem Gebrauchtwagenhändler für den Kauf eines Fahrzeuges zum Preis von 8.500,00 Euro entschieden. Herr Müller möchte das Fahrzeug gerne sofort mitnehmen, hat aber kein Bargeld in entsprechender Höhe dabei. Ohne vollständige Bezahlung gibt der Händler das Fahrzeug jedoch nicht heraus.
Herr Müller verfügt über ein modernes Smartphone und nutzt bereits die Banking-App seines Kreditinstituts.

a) Welche Bezahlmöglichkeit besteht für Herrn Müller, damit er das Fahrzeug sofort mitnehmen kann?
b) Erläutern Sie Herrn Müller den Ablauf der unter a) vorgeschlagenen Bezahlmöglichkeit.

→ *3.4.3.3*

4. Lastschrift: SEPA-Lastschriftverfahren

Markus Steiger, Vorstand und Kassenwart des neu gegründeten 1. Tennis-Club Arbersee e.V., hat in der vergangenen Woche bei der Mitteldeutschen Bank für den Tennisverein ein Kontokorrentkonto eröffnet. Heute spricht Markus Steiger Sie an, wie der Verein die Begleichung seiner Mitgliedsbeiträge am besten abwickeln kann. Sie empfehlen Markus Steiger, die Mitgliedsbeiträge mittels Inlandslastschrift einzuziehen.

a) Erläutern Sie Markus Steiger, welche Art der Lastschrift für den Verein infrage kommt.
b) Unter welchen Voraussetzungen kann der Verein den Lastschrifteinzug mit der Mitteldeutschen Bank abwickeln?
c) Welche Vorteile hat der Verein beim Einzug der Mitgliedsbeiträge per Lastschriftverfahren?
d) Wie kann sich der Verein die benötigte Gläubiger-Identifikation beschaffen?
e) Welche Bedeutung hat das Lastschriftmandat?

→ *3.4.4.3.1, 3.4.4.3.2 und 3.4.4.3.3*

5. Lastschrift: SEPA-Firmenlastschrift

Der Möbelhersteller Ludwig & Co. hat Forderungen aus Lieferungen an mehrere Möbelhäuser, die er per Lastschriftverfahren über sein kontoführendes Kreditinstitut einziehen will.

a) Begründen Sie, warum für diese Lastschriften das SEPA-Firmen-Lastschriftverfahren angewendet werden muss.
b) Informieren Sie den Möbelhersteller, wann die Lastschriften den Kreditinstituten der Möbelhäuser vorliegen müssen.
c) Die Möbelhäuser haben dem Möbelhersteller gegenüber dem Lastschrifteinzug zugestimmt. Was ist zusätzlich erforderlich?
d) Untersuchen Sie, ob die beteiligten Möbelhäuser einer Lastschriftbelastung widersprechen können.

→ *3.4.4.3.2*

6. Lastschrift: SEPA-Basislastschrift

Annabell Rekzafari hat einen Lieferdienst für veganes Mittagessen gegründet. Unter „Kochstudio Rekzafari Veganfrisch" können im Wochenabonnement täglich drei unterschiedliche Mittagessen bestellt werden. Die Kunden erhalten wöchentliche oder monatliche Abrechnungen, die innerhalb von 14 Tagen zu bezahlen sind. Das Kochstudio will den Kunden den Einzug der Rechnungen per Lastschrift empfehlen. Frau Rekzafari hat an ihren Berater bei der Rhein-Ruhr-Volksbank eG einige Fragen:

a) Können Lastschriften so datiert werden, dass sie innerhalb von 14 Tagen nach Rechnungsdatum (= letzter Tag des Lieferintervalls) eingezogen werden?
b) Aus welchem Grund benötigt Frau Rekzafari für den Lastschrifteinzug eine Gläubiger-ID?
c) Gibt es einen Unterschied zwischen Lastschriftmandat und Mandatsreferenz?
d) Können SEPA-Lastschriftmandate auch online erteilt werden?
e) Erläutern Sie Frau Rekzafari, wie der Einzug ihrer Lastschriften zwischen den beteiligten Kreditinstituten abläuft.

→ *3.4.4.3.2 und 3.4.4.3.3*

7. Lastschrift: Vorabinformation

Das *Heider Tageblatt* will von seinen Abonnenten die monatlichen oder vierteljährlichen Abonnementsbeiträge per Lastschrift einziehen. Der Geschäftsführer möchte von seinem Kundenberater wissen, was unter der Vorabinformation zu verstehen ist.

→ *3.4.4.3.3*

8. Lastschrift: Widerspruch

Heiner Hagen hat bei einem Einkauf in einem Elektronikfachgeschäft dem Einzug des Kaufpreises mittels Lastschrift zugestimmt. Er stellt fest, dass der Betrag von 299,00 Euro zweimal abgebucht worden ist. Wie kann er erreichen, dass die Doppelbelastung zurückgenommen wird?

→ *3.4.4.3.2*

9. Lastschrift: Rückgabe von Lastschriften

Der Hardinger Bank wird eine Lastschrift in Höhe von 86,00 Euro mit ungültiger IBAN vorgelegt.

a) Wie muss sich die Bank in diesem Fall verhalten?
b) Welche Rückgabeverfahren gibt es vor Fälligkeit und Belastung einer Lastschrift, und welcher der am Lastschriftverfahren Beteiligten löst sie jeweils aus?

→ 3.4.4.3.5

10. Scheck: Zahlung mit Scheck

Hugo Bothmer erwirbt beim Autohaus Heribert Scheil KG einen Gebrauchtwagen zum Preis von 10.000,00 Euro. Er bezahlt das Auto mit einem Verrechnungsscheck, den er am Freitag, den 3. Juni, ausstellt. Als Schecknehmer trägt er das Autohaus ein. Die bezogene Bank belastet den Scheck am Donnerstag, den 9. Juni.

a) Welche Bedeutung haben folgende Vermerke auf dem Scheckformular?
   (1) „Nur zur Verrechnung"
   (2) „oder Überbringer"
   (3) „Schecknummer"
b) Die Übergabe des Schecks an das Autohaus erfolgt zahlungshalber, nicht erfüllungshalber. Worin besteht der Unterschied?
c) Wann endet die Vorlegungsfrist für den an das Autohaus übergebenen Verrechnungsscheck?
d) Bei der kontoführenden Bank wird das bankübliche Verfahren der Nachdisposition angewendet. Wann ist der Scheck nach den AGB endgültig eingelöst?
e) Der Scheck wurde vom Autohaus zahlungshalber an einen anderen Autohändler weitergegeben, der ihn seiner Sparkasse zum Einzug vorlegt. Welche Prüfungspflicht hat die Sparkasse?

→ 3.4.5

11. Einlösung von Schecks

Ein Kunde Ihres Ausbildungsbetriebs legt Ihnen einen Verrechnungsscheck über 50.000,00 Euro vor, der auf eine Genossenschaftsbank gezogen ist. Der Kunde möchte wissen, ob dieser Scheck eingelöst wird. Die bezogene Bank teilt auf telefonische Anfrage mit: „Der Scheck geht unter dem banküblichen Vorbehalt in Ordnung".

a) Erläutern Sie dem Kunden, was unter einem banküblichen Vorbehalt zu verstehen ist.
b) Erklären Sie dem Kunden, wann er frühestens über den Betrag verfügen kann.

→ 3.4.5.9

12. Bestätigter Scheck

Erhard Cordes, Kunde der Handelsbank AG, möchte bei einer in zwei Monaten stattfindenden Auktion ein Gemälde ersteigern. Er rechnet mit einem Preis von etwa 15.000,00 Euro. Aus dem Auktionskatalog geht hervor, dass die Zahlung nur mit einem bankbestätigten Scheck geleistet werden kann.

a) Der Kunde bittet um Erläuterung, was unter einer Bankbestätigung zu verstehen ist.
b) Beraten Sie den Kunden hinsichtlich Ausstellungszeitpunkt, Art und Gültigkeitsdauer des benötigten Schecks.

→ 3.4.5.3

13. Scheck: Scheckeinzug 1

Karin Schäfer, Geschäftsführerin der Articom GmbH, reicht bei der Kreditbank AG, Bremen, zwei Schecks zur Gutschrift auf dem Kontokorrentkonto der GmbH ein:

- Inhaberscheck über 2.376,30 Euro
- Orderscheck über 6.200,00 Euro

Beide Schecks sind im Inland ausgestellt.

a) Welche Prüfungen muss die Kreditbank AG bei der Hereinnahme der beiden Schecks vornehmen?
b) Die Kreditbank AG zieht die Schecks im BSE- bzw. ISE-Verfahren ein. Beschreiben Sie die beiden Verfahren.

→ 3.4.5.10

14. Scheck: Scheckeinzug 2

Bei Ihrem Kreditinstitut werden von dem Kunden Bernhard Kühne die folgenden Schecks eingereicht:

Schecknummer	IBAN des Ausstellers	Euro	Cent
3347883	DE94 2005 0550 0124 4819 32	560	00
4355672	DE94 2005 0550 0127 4859 34	6.670	00
6877201	DE94 2005 0550 0134 9819 35	923	35
0463383	DE94 2005 0550 0294 4619 31	3.983	50

a) Welche dieser Schecks kann Ihr Kreditinstitut im beleglosen Scheckeinzugsverfahren einziehen? Begründen Sie Ihre Entscheidungen.
b) Wie wird Ihr Kreditinstitut bezeichnet, wenn es die Daten der beleglos einzuziehenden Schecks auf EDV-Medien erfasst?
c) Welche Scheckdaten werden auf EDV-Medien erfasst?
d) Ihr Kreditinstitut hat die Schecks auf ihre formelle Ordnungsmäßigkeit nach Art. 1 und 2 Scheckgesetz zu prüfen. Welche der in das beleglose Scheckeinzugsverfahren einbeziehbaren Schecks gelten nach dem BSE-Abkommen ebenfalls als formell ordnungsmäßig?
e) Wie sind formell nicht ordnungsgemäße Schecks zu behandeln?
f) Welches Kreditinstitut ist die Schecklagerstelle und was ist darunter zu verstehen?
g) Wie werden beleglos eingezogene Schecks behandelt, die nicht eingelöst werden?
h) Der Scheck über 6.670,00 Euro wird im ISE-Verfahren eingezogen. Wie erfolgt der Einzug?

→ 3.4.5.10

15. Scheck: Scheckeinzug 3

Ludwig Hausmann, Kunde der HermesBank AG, reicht bei seiner Bank einen Verrechnungsscheck in Höhe von 3.500,00 Euro zum Einzug ein.

a) Bei Entgegennahme des Schecks stellt der Kundenberater fest, dass als Schecknehmer nicht Ludwig Hausmann, sondern Ludwig Cremer genannt ist. Was hat der Kundenberater zu beachten?
b) Welches ist die Rechtsgrundlage für den Einzug des Schecks?
c) Wie wird der von Ludwig Hausmann eingereichte Scheck eingezogen?
d) Die bezogene Bank löst den von Ludwig Hausmann eingereichten Scheck am 15.05. nicht ein. Wie wickelt die HermesBank die Rückgabe ab?

→ 3.4.5.10 und 3.4.5.11

16. Scheck: Scheckeinzug 4

Bei der Sparkasse Rheinhausen wird am 10.08. im Wege der Nachdisposition festgestellt, dass ein am Vortag von der Commerzbank AG, Göttingen, im BSE-Verfahren eingegangener Scheck nicht gedeckt ist.

Scheckaussteller .... Frank Grube
Scheckbetrag .... 2.000,00 Euro
Eingeräumter Dispositionskredit .... 10.000,00 Euro
Kontostand .... Soll 9.950,00 Euro

a) Darf die Sparkasse Rheinhausen den Scheck trotz fehlender Deckung einlösen?
b) Wie hoch ist der Rückrechnungs-Betrag, wenn die Sparkasse Göttingen den Scheck nicht einlösen sollte?
c) Welche Dokumentationspflicht ergibt sich für die 1. Inkassostelle (Commerzbank AG, Göttingen) bei einer Nichteinlösung des Schecks?
d) Wie kann der Schecknehmer seine Regressansprüche gegenüber dem Scheckaussteller bei Nichteinlösung des Schecks geltend machen?

→ 3.4.5.10

17. Scheck: Scheckeinzug 5

Die Gegenwerte der von Kunden eingereichten Schecks werden ab einer bestimmten Größenordnung im ISE-Verfahren eingezogen.

a) Ab welchem Scheckbetrag werden Schecks im ISE-Verfahren eingezogen?
b) Beschreiben Sie die Funktionen
   - der ersten Inkassostelle,
   - der Deutschen Bundesbank und
   - des bezogenen Kreditinstituts

   beim Scheckeinzug.
c) Welche Vorteile hat das ISE-Verfahren?

→ 3.4.5.10

18. Scheck: Prüfungen bei der Einlösung von Schecks

Schecks müssen vor der Einlösung geprüft werden. Entscheiden Sie über die notwendigen Prüfungen und die Folgerungen in folgenden Fällen:

a) Der Marburger Volksbank wird ein auf sie gezogener und von der Firma Gisonia GmbH ausgestellter Überbringerscheck in Höhe von 1.800,00 Euro zur Barauszahlung vorgelegt.
b) Der Hansabank in Hamburg, Zweigstelle Eppendorf, wird ein auf sie gezogener Barscheck über 32.000,00 Euro zur Auszahlung vorgelegt. Da es sich um einen Inhaberscheck handelt, zahlt der Bankangestellte, nachdem er festgestellt hat, dass Deckung und Unterschrift „in Ordnung" sind, den Betrag an den ihm unbekannten Vorleger (= Schecknehmer) ohne Prüfung der Legitimation aus. Der Kontoinhaber, Tischlermeister Joachim Lange, verlangt von der Bank die Wiedergutschrift des Betrages mit der Begründung, das Scheckformular sei ihm gestohlen und seine Unterschrift gefälscht worden. Die Bank hätte nicht zulasten seines Kontos auszahlen dürfen, da er noch nie einen Barscheck über eine so hohe Summe ausgestellt habe.
c) Schecks, die auf dem Verrechnungswege zur Einlösung vorgelegt werden, prüfen die Kreditinstitute erst nach Belastung der Ausstellerkonten. Wie sind die Kreditinstitute geschützt, wenn sich bei dieser Nachdisposition ergibt, dass ein Konto nicht genügend Deckung aufwies und der vorgelegte Scheck daher nicht eingelöst werden sollte?

→ 3.4.5.10

19. Electronic Cash

Sie empfehlen Ihrem Kunden Peter Reinhardt, Inhaber der örtlichen Tankstelle, neben Barzahlungen auch Zahlungen im Electronic-Cash-Verfahren zu akzeptieren.

a) Welche Vorteile bietet das Electronic-Cash-Verfahren Peter Reinhardt?
b) Erläutern Sie die Abwicklung des Zahlungsvorgangs beim Electronic-Cash-Verfahren.
c) Im Rahmen des Electronic-Cash-Verfahrens erfolgt eine Online-Autorisierung des Zahlungsvorgangs durch die Autorisierungszentrale.
   Welche Prüfungen umfasst diese Online-Autorisierung?
d) Als Alternative zur Online-Autorisierung kann der Zahlungsvorgang beim Electronic-Cash-Verfahren auch offline autorisiert werden.
   Stellen Sie das Electronic-Cash-Offlineverfahren dar.

→ *3.4.6.1.3*

20. Kontaktlos-Zahlungen mit Girocard/Kreditkarte

Ihr langjähriger Kunde Alfons Schuster zeigt Ihnen im Verlauf eines Beratungsgesprächs seine kürzlich neu erhaltenen Bankkarten. Es handelt sich um folgende Karten:

(1) Girocard (als SparkassenCard)
(2) Kreditkarte

Herr Schuster möchte von Ihnen wissen,

a) welche Bedeutung die Symbole auf den beiden Karten haben („Kontaktlos-Symbol" bzw. „girocard/Kreditkarte kontaktlos") und
b) in welcher Weise sich dadurch sein bisheriges Zahlungsverhalten und die Akzeptanz im Einzelhandel, an Tankstellen oder in der Gastronomie verändern wird.

→ *3.4.6.1 und 3.4.6.2*

21. Verlust der Maestro-Karte

Sebastian Blum kommt am Vormittag ganz aufgeregt in Ihre Filiale. Gestern Abend muss ihm wohl nach einem Restaurantbesuch sein Portemonnaie mit der Maestro-Karte gestohlen worden sein. Den Verlust hat er aber erst heute Vormittag bemerkt und ist sofort zu Ihnen gekommen. Die PIN war nicht mit im Portemonnaie vermerkt.

a) Was müssen Sie bzw. Herr Blum umgehend veranlassen?
b) Was hätte Herr Blum tun können, wenn er den Verlust gestern Abend schon bemerkt hätte?
c) Erläutern Sie Herrn Blum die Haftungsgrundsätze für Kunde und Kreditinstitut beim Verlust der Maestro-Karte. Sie finden sie in den Bedingungen für die Verwendung der Maestro-Karte.

→ *3.4.6*

22. Zahlung mit Kreditkarte

Carsten Rheeder, Kunde Ihres Kreditinstituts, berichtet Ihnen, dass er für eine anstehende Urlaubsreise einen Mietwagen buchen möchte. Das Mietwagenunternehmen empfiehlt die Buchung und Bezahlung per Kreditkarte im Internet. Eine Kreditkarte hat Herr Rheeder bislang nicht genutzt.

a) Worin unterscheidet sich die Bankkarte (Girocard), die der Kunde schon besitzt, von einer Kreditkarte?
b) Herr Rheeder interessiert sich dafür, wie der Bezahlvorgang abläuft
   (1) im Handel am Kassenterminal und
   (2) bei Zahlungen im Internet.
c) Erläutern Sie, warum Vertragsunternehmen von Kreditkartengesellschaften oftmals eine Zahlung mit der Bankkarte der Kreditkartenzahlung vorziehen.
d) Wie kann eine Kreditkarte im Verlustfall gesperrt werden?
e) Welche Haftungsgrundsätze gelten beim Verlust einer Kreditkarte (z. B. MasterCard)?

→ *3.4.6.1 und 3.4.6.2*

23. Kartenzahlungen: Vergleich

Vervollständigen Sie die nachstehende Übersicht.

Kartenzahlungen im Überblick				
Bezahlverfahren	**Electronic Cash/ Girocard**	**Elektronisches Lastschriftverfahren (SEPA-ELV)**	**Maestro-Karte**	**Kreditkarte**
Legitimation				
Zahlungsgarantie				
Sperrabfrage				
Limits				
Kosten für Händler				

→ *3.4.6.1*

24. Internet-Zahlungssysteme: Vergleich

Ihr junger Kunde Christian Baues, 22 Jahre, ist viel im Internet unterwegs. Er möchte nun dort auch vermehrt Einkäufe tätigen. Er erkundigt sich daher bei Ihnen nach den verschiedenen Bezahlmöglichkeiten und den jeweiligen Anbietern für Bezahlvorgänge im Internet.
Erläutern Sie ihm die Zahlungsabwicklung der folgenden Bezahlsysteme:

Beispiele für Internet-Zahlungssysteme	
PayPal **Anbieter: ...**	
paydirekt **Anbieter: ...**	
SOFORT Überweisung **Anbieter: ...**	
giropay **Anbieter ...**	

→ *3.4.7*

25. Mobile Payment 1

Ihre Kundin Vanessa Schmitz, 25 Jahre, zeigt Ihnen im Beratungsgespräch ihr neues Smartphone, mit dem sie mit ihren Bekannten häufig Nachrichten austauscht. Von einer Freundin hat sie kürzlich erfahren, dass auch Zahlungen unmittelbar „von Handy zu Handy" möglich sein sollen.
Sie bittet Sie um Erläuterung, wie derartige Zahlungsvorgänge ablaufen und was dabei zu beachten ist.

→ 3.4.7

26. Mobile Payment 2

Der Girokunde Martin Müller möchte künftig im Einzelhandel mit seinem Smartphone mobil am Kassenterminal bezahlen. Bislang verwendet er lediglich seine Girocard und Kreditkarte für derartige Bezahlvorgänge. Herr Müller verfügt über ein modernes Smartphone und nutzt bereits die Banking-App seines Kreditinstituts.

Er erkundigt sich bei seinem Bankberater, welche Voraussetzungen für das mobile Bezahlen per Smartphone erfüllt sein müssen und wie der Bezahlvorgang abläuft.

→ 3.4.7

4 Geld- und Vermögensanlagen

4.1 Anlageziele und Beratung der Anleger

1. Kundenorientiertes Beratungsgespräch

Ludwig Lobedank, Kunde der Handelsbank AG, hat 50.000,00 Euro geerbt. Er möchte das Geld sicher anlegen und bittet um eine Anlageberatung.

a) Schildern Sie die Phasen, in denen das Beratungsgespräch voraussichtlich ablaufen wird.
b) Im Beratungsgespräch stellt der Kundenberater fest, dass Ludwig Lobedank sehr sicherheitsorientiert und risikoscheu ist. Welche rechtlichen Konsequenzen können sich für die Bank ergeben, wenn der Kundenberater Ludwig Lobedank zum Kauf hochspekulativer und äußerst risikoreicher Wertpapiere rät?
c) In einem Prospekt der Handelsbank AG, den er sich vor dem Beratungsgespräch beschafft hatte, hat Ludwig Lobedank das „Magische Dreieck der Anlageentscheidung" entdeckt. Wenden Sie das „Magische Dreieck" auf den Anlagewunsch von Ludwig Lobedank an.

→ *4.1.1 und 4.1.2*

4.2 Anlagen auf Konten und in Sparbriefen

1. Begründung einer Termineinlage

Die Burgmaschinen-Bau GmbH besitzt für einen Zeitraum von 1/4 Jahr nicht benötigte Mittel in Höhe von 100.000,00 Euro.

Der Firmenkundenberater bietet der Firma für diesen Zeitraum ein Festgeldkonto an.
Bei vorzeitiger Verfügung wird der gesamte Anlagebetrag als Sichteinlage behandelt.

Konditionen
Zinssatz für Festgeld ....3,0 %
Zinssatz für Sichteinlagen ....0,5 %
Zinssatz für Kontokorrentkredite .... 9,0 %

20 Tage vor Fälligkeit des Festgeldes benötigt die Firma den gesamten Anlagebetrag.

Für welche Lösung wird sich der Geschäftsführer der Firma entscheiden?
- Durchhalten der Termineinlage und Inanspruchnahme eines Kontokorrentkredits oder
- Stornierung der Termineinlage und Verzinsung des Anlagebetrages als Sichteinlage?

→ *4.2.3*

2. Verzinsung einer Termineinlage

Am 15.02. dieses Jahres wird ein Kündigungsgeldkonto mit einer viermonatigen Kündigungsfrist eröffnet. Anlagebetrag: 80.000,00 Euro.

Zinssätze für 80.000,00 Euro:

bis unter drei Monate:	2,75 % p.a.
drei bis unter sechs Monate:	3,25 % p.a.
sechs bis unter 12 Monate:	3,75 % p.a.
Zinssatz für Sichteinlagen:	0,5 % p.a.

Wert 15.04. dieses Jahres werden ohne Kündigung 40.000,00 Euro zur Finanzierung einer Hausreparatur abgehoben. Die verbleibende Termineinlage wird ordnungsgemäß zum 15.08. dieses Jahres gekündigt.

Wie viele Zinsen erhält der Kunde am 15.08. dieses Jahres?

→ *4.2.3*

3. Vergleich Termineinlage und Geldmarktfonds

Hanno Helms, Kunde der Sachsenbank AG, überlegt als Alternative zu einer Termineinlage die Anlage von 20.000,00 Euro in einem Geldmarktfonds. Worin unterscheiden sich die beiden Anlageformen hinsichtlich

- Rechtsnatur,
- Verfügbarkeit,
- Sicherheit,
- Rentabilität?

→ *4.2.3*

4. Sparkonto: Eröffnung durch eine Wohnungsbaugesellschaft

Die Aachener Wohnungsbaugenossenschaft eG möchte bei der Stadtsparkasse Aachen ein Sparkonto für Mietkautionsgelder einrichten.

a) Durch welche Merkmale ist eine Spareinlage nach der Rechnungslegungsverordnung der Kreditinstitute (RechKredV) gekennzeichnet?
b) Darf für die Genossenschaft ein Sparkonto eingerichtet werden? Entscheiden Sie aufgrund der Vorschriften der Rechnungslegungsverordnung der Kreditinstitute (RechKredV).
c) Wer wird Kontoinhaber des Sparkontos, und wie lautet die korrekte Kontobezeichnung?
d) Wer kann über das Sparkonto verfügen?
e) Wie muss die Stadtsparkasse die Legitimationsprüfung
   (1) nach der Abgabenordnung,
   (2) nach dem Geldwäschegesetz
   durchführen?

→ *2.3.1.2.5 und 4.2.4.1*

5. Sparkonto: Kontoeröffnung für einen Verein

Heinrich Robben, Vorstand des Schrebergartenvereins Heidesand e.V., Seehausen, möchte bei der Sparkasse Seehausen ein Sparkonto für den Verein einrichten und 6.000,00 Euro Vereinsgelder einzahlen. Zur Legitimation legt er einen aktuellen Auszug aus dem Vereinsregister vor. Darin sind folgende Vorstandsmitglieder aufgeführt:

- Marie Ahlmann, Seehausen
- Ludwig Castenmayer, Seehausen

- Jan Bönninghoff, Seehausen
- Heinrich Robben, Seehausen

Über die Art der Vertretungsberechtigung der Vorstandsmitglieder ist im Vereinsregister nichts vermerkt.

a) Kann das Vereinskonto als Sparkonto im Sinne der RechKredV eingerichtet werden?
b) Kann Heinrich Robben das Sparkonto allein einrichten?
c) Wie führt die Sparkasse die Legitimationsprüfung durch?
d) Prüfen Sie, ob Heinrich Robben bei der Kontoeinrichtung für eigene oder für fremde Rechnung im Sinne des Geldwäschegesetzes handelt.
e) Prüfen Sie, ob für den Verein ein Freistellungsauftrag gestellt werden kann. Begründen Sie Ihre Entscheidung.

→ ***4.2.4.1, 4.2.4.4 und 2.3.1.2***

6. Merkmale von Spareinlagen

In welchen Fällen kann die Sparkasse Seligenstadt die beabsichtigten Einlagen als Spareinlagen i. S. der RechKredV annehmen?
Falls die Eröffnung eines Sparkontos nicht möglich sein sollte, schlagen Sie dem Kunden eine alternative Anlageform vor.

a) Henry Kruse will 25.000,00 Euro für die Zeit vom 15.03. bis zum 15.06. eines Jahres als Spareinlage festlegen.
b) Zur Finanzierung einer Weltreise will Laura Hartmann regelmäßig monatlich 300,00 Euro ansparen.
c) Sven Bauer will für die Überweisung seines Gehalts ein Sparkonto einrichten. Über dieses Konto soll auch der laufende Zahlungsverkehr abgewickelt werden.
d) Die Erdmann KG will 60.000,00 Euro auf ein Sparkonto einzahlen. Damit soll im nächsten Jahr der Fuhrpark erweitert werden.
e) Die Immenga-Immobilien GmbH hat Mietkautionen in Höhe von 50.000,00 Euro erhalten. Der Betrag soll auf ein Sparbuch eingezahlt werden.
f) Der Schrebergartenverein „Sonnige Laube“ e. V. will 100.000,00 Euro anlegen. Von diesen Rücklagen soll zu gegebener Zeit eine Gemeinschaftseinrichtung modernisiert werden.

→ ***4.2.4.1***

7. Spareinlagen: Auszahlung im Rahmen der versprochenen Leistung 1

Die Sparkasse Osterholz führt ein Sparkonto mit dreimonatiger Kündigungsfrist für Karl Kaufmann. Mit Beginn des neuen Jahres weist das Sparkonto einen Bestand von 10.802,10 Euro auf, davon 283,00 Euro zum 31.12. gutgeschriebene Zinsen.
Am 10.01. des neuen Jahres legt eine der Sparkasse unbekannte Person das Sparkassenbuch von Karl Kaufmann vor und möchte 2.250,00 Euro abheben.

a) Prüfen Sie, ob die Sparkasse dem Auszahlungswunsch nachkommen kann.
b) Die Sparkasse erfährt, dass Karl Kaufmann verstorben ist. Die Ehefrau von Karl Kaufmann gibt an, dass sie neben ihren Kindern gesetzliche Miterbin geworden sei, und möchte unter Vorlage des Sparkassenbuches 2.000,00 Euro von dem Sparkonto ihres verstorbenen Ehemanns abheben. Ist die Sparkasse zur Auszahlung berechtigt?

→ ***4.2.4.3***

8. Spareinlagen: Auszahlung im Rahmen der versprochenen Leistung 2

Entscheiden Sie, ob Ihr Kreditinstitut in den folgenden Situationen mit schuldbefreiender Wirkung an den jeweiligen Vorleger eines Sparbuchs mit dreimonatiger Kündigungsfrist Zahlung leisten kann:

a) Ein Mitglied des Kegelvereins „Gut Holz" e.V. legt ein Sparbuch des Vereins vor und verlangt eine Barauszahlung von 2.000,00 Euro.
b) Dem Bankangestellten ist bekannt, dass die Eheleute Monsees getrennt leben und die Scheidung in Kürze erfolgen wird. Herr Monsees will vom Sparkonto der Ehefrau 1.500,00 Euro abheben.
c) Die Rentnerin Berta Grau hat ein Sparguthaben von 75.000,00 Euro. Das volljährige Enkelkind legt das Sparbuch vor und will einen gekündigten Teilbetrag von 2.500,00 Euro abheben.
d) Der Onkel will vom Sparbuch des 15-jährigen Neffen 1.800,00 Euro abheben.
e) Der Sparkunde Ludwig Sammlaus hat für sein Sparbuch ein Kennwort vereinbart. Die Lebensgefährtin Elli Kuipers will unter Nennung des richtigen Kennworts 2.000,00 Euro abheben.
f) Heribert Klein hat das mit seinem Kreditinstitut vereinbarte Kennwort vergessen. Er kann sich jedoch legitimieren und wünscht eine Auszahlung von 4.000,00 Euro.
g) Gerhard Bremer will von dem Sparbuch seiner Ehefrau 5.600,00 Euro abheben. Die Einlage wurde nicht gekündigt.

→ **4.2.4.3**

9. Spareinlagen: Verlust des Sparbuchs

Ernst Nagel hat sein Sparbuch verloren. Nachdem er den Verlust gemeldet und sich bei der kontoführenden Volksbank als Gläubiger legitimiert hat, verlangt er die Auszahlung des Sparguthabens von 1.560,03 Euro ohne Buchvorlage.

a) Entscheiden Sie, ob die Volksbank ohne Buchvorlage auszahlen muss.
b) Aufgrund der Meldung bei der kontoführenden Volksbank wird das Sparbuch gesperrt. Erläutern Sie das weitere Verfahren.
c) Wie kann sich der Sparer grundsätzlich vor Verfügungen eines nichtberechtigten Buchinhabers schützen?

→ **4.2.4.3**

10. Sparvertrag: Kontoeröffnung durch einen Minderjährigen

Fritz Spund (15) hat von seiner Großmutter zur Aufbesserung seines Taschengeldes 50,00 Euro geschenkt bekommen. Er eröffnet bei der Sparkasse ein Sparkonto und zahlt die 50,00 Euro auf das neue Konto ein. Drei Wochen später hebt er 30,00 Euro von dem Konto ab und verbraucht das Geld. Die Eltern haben von der Schenkung und der Kontoeinrichtung nichts erfahren. Als sie von der Kontoeinrichtung und der anschließenden Verfügung erfahren, wollen sie beides nicht gelten lassen und verlangen von der Sparkasse Erstattung der 50,00 Euro.

a) Entscheiden Sie, ob die 50,00 Euro dem Enkel wirksam geschenkt worden sind.
b) Prüfen Sie, ob das Sparkonto rechtswirksam eröffnet wurde.
c) Prüfen Sie, ob die Sparkasse die 50,00 Euro erstatten muss.
d) Welche Ansprüche kann die Sparkasse erheben?

→ **4.2.4.4 und 2.4.1.2**

11. Sparvertrag: Sparkonto zugunsten eines Dritten 1

Rudi Rühe, langjähriger Girokunde der Volksbank Babenhausen eG, eröffnet unter seinem Namen ein Sparkonto mit Sonderverzinsung und zahlt 15.000,00 Euro ein. Er schließt außerdem einen Vertrag zugunsten seines 17-jährigen Enkels Henning Pflaume ab. Henning Pflaume soll mit Erreichung der Volljährigkeit Gläubiger des Sparguthabens werden. Der Enkel ist bei der Kontoeinrichtung anwesend und nimmt die Begünstigung zustimmend zur Kenntnis.

Im Vertragsformular findet sich folgender Hinweis:
„Bei Vorversterben des Gläubigers soll sich der Übergang der Rechte bereits mit seinem Tod außerhalb des Nachlasses vollziehen."

a) Wer muss sich bei der Kontoeinrichtung nach der Abgabenordnung sowie nach dem Geldwäschegesetz legitimieren?
b) Der Großvater verstirbt, bevor Henning Pflaume volljährig wird. Wem steht jetzt das Recht am Sparguthaben zu?

→ 4.2.4.4

12. Sparvertrag: Sparkonto zugunsten eines Dritten 2

Selma Neugebauer will ein Sparkonto mit einer Sondersparform eröffnen und über einen Spar-Dauerauftrag monatlich 50,00 Euro für das gerade geborene Enkelkind ansparen. Zum 18. Geburtstag soll das Enkelkind überrascht werden.

a) Durch welche Vertragsgestaltung kann dem Anlagewunsch entsprochen werden?
b) Auf welchen Namen sollte das Sparkonto eröffnet werden und wer ist Gläubiger der Einlage?
c) Welche Vorteile bringen Sondersparformen für den Sparer?

→ 4.2.4.4

13. Sparvertrag: Sparkonto zugunsten eines Dritten 3

Heinz Neugebauer, Kunde der Sparkasse Seehausen, möchte seinem minderjährigen Neffen sein Sparkonto mit einem Bestand von 6.000,00 Euro zukommen lassen. Die Zuwendung soll aber erst mit seinem Tode wirksam werden. Zu Lebzeiten von Herrn Neugebauer soll sein Neffe von der beabsichtigten Zuwendung noch nichts erfahren. Sie bieten Herrn Neugebauer einen Vertrag zugunsten Dritter für den Todesfall an.

a) Erläutern Sie die rechtliche Seite des Vertrags zugunsten Dritter.
b) Kann der Vertrag zugunsten des Neffen noch widerrufen werden?
c) Welches Problem kann sich einstellen, wenn der Neffe zu Lebzeiten von Herrn Neugebauer von der Zuwendung nichts erfährt?

→ 4.2.4.4

14. Spareinlagen: Verzinsung von Spareinlagen

Peggy Peter eröffnet am 16.02. ein Sparkonto mit vereinbarter Kündigungsfrist von drei Monaten. Der Zinssatz beläuft sich auf 2%. Sie zahlt 15.000,00 Euro ein. Am 09.06. hebt Peggy Peter ohne Kündigung 8.000,00 Euro ab.

Ermitteln Sie den Nettozinsbetrag, den die Sparkasse am 31.12. gutschreibt, wenn
- Vorschusszinsen ($^1/_4$ des Habenzinssatzes, taggenaue Berechnungsmethode),
- Abgeltungsteuer und
- Solidaritätszuschlag (SolZ)

abgezogen werden.

→ **4.2.4.5 und 4.2.4.6**

15. Spareinlagen: Rückzahlung einer Spareinlage 1

Der Kunde Ludwig Weiß unterhält bei der Sparkasse Dürrenstein ein Sparkonto mit 3-monatiger Kündigungsfrist (Zinssatz 2 %). Zum Jahresende wurden dem Sparkonto 180,00 Euro Zinsen gutgeschrieben. Ludwig Weiß will von seinem Sparkonto einen größeren Betrag ohne vorherige Kündigung abheben.

a) In Nr. 4 der Sparbedingungen hat Ludwig Weiß folgende Regelung gelesen:

„Ein Anspruch auf vorzeitige Rückzahlung besteht [...] nicht. Stimmt die Sparkasse gleichwohl ausnahmsweise einer vorzeitigen Rückzahlung zu, hat sie das Recht, für diese vorzeitige Rückzahlung ein Vorfälligkeitsentgelt oder Vorschusszinsen zu verlangen [...]"

Ludwig Weiß bittet um Auskunft über den Unterschied zwischen einem Vorfälligkeitsentgelt und der Erhebung von Vorschusszinsen.

b) Im Sparkassenbuch ist folgender Hinweis abgedruckt:

„Bei Abhebungen ohne Kündigung werden für den 2.000,00 Euro übersteigenden Betrag für 90 Tage Vorschusszinsen berechnet [...]"

Wie hoch sind die Vorschusszinsen (Vorschusszinssatz $^1/_4$ des Habenzinssatzes), wenn Ludwig Weiß am 15.02. des auf die Zinsgutschrift folgenden Jahres 5.000,00 Euro ohne vorherige Kündigung abhebt?

c) Wie erfährt der Sparer, dass Vorschusszinsen berechnet wurden?

→ **4.2.4.6**

16. Spareinlagen: Rückzahlung einer Spareinlage 2

Ein Sparkunde hebt am 13.07. einen Betrag von 6.000,00 Euro ohne vorherige Kündigung von seinem Sparkonto mit dreimonatiger Kündigungsfrist ab. Der Zinssatz beträgt 1 % p. a.; der Vorschusszinssatz ein Viertel des Habenzinssatzes. Weitere Verfügungen wurden in dem Kalenderjahr nicht getroffen. Berechnen Sie unter Anwendung der 90-Tage-Methode die vom Sparer zu tragenden Vorschusszinsen.

→ **4.2.4.7**

17. Spareinlagen: Rückzahlung einer Spareinlage 3

Die Sparkasse Fischdorf führt ein Sparkonto mit 3-monatiger Kündigungsfrist für Gesine Kück. Das Konto weist ein Guthaben von 50.000,00 Euro auf. Der Zinssatz beträgt 2 %. Am 31.12. werden 400,00 Euro Zinsen gutgeschrieben.

a) Am 12.10. hat Gesine Kück einen Teilbetrag von 5.000,00 Euro gekündigt. Wann ist die gekündigte Einlage zur Auszahlung fällig?
b) Wie lange kann Gesine Kück nach Fälligkeit über den gekündigten Betrag frei verfügen?
c) Am 25.01. des nächsten Jahres will Gesine Kück 20.000,00 Euro von ihrem Sparkonto abheben. Im Sparkassenbuch findet sich der folgende Hinweis:
„Bei Abhebungen ohne Kündigung werden für den 2.000,00 Euro übersteigenden Betrag für 90 Tage Vorschusszinsen berechnet".
In welcher Höhe fallen Vorschusszinsen an, wenn der Vorschusszinssatz 1/4 des Habenzinssatzes ausmacht?
d) Prüfen Sie, ob die Sparkasse den Betrag auch auszahlen darf, wenn das Sparkassenbuch am 25.01. nicht von Gesine Kück, sondern von ihrem Lebensgefährten Patrick Lampe vorgelegt wird.

→ **4.2.4.6**

18. Verzinsung und Rückzahlung von Spareinlagen

Am 20.08. des Vorjahres eröffnete Helmut Kunze ein Sparkonto mit einer Kündigungsfrist von sechs Monaten und zahlte 20.000,00 Euro ein. Der Zinssatz betrug 2,5%. Am 20.12. des Vorjahres kündigte Helmut Kunze seine Einlage zum 20.06. dieses Jahres.

a) Welches Guthaben ergibt sich am 31.12. nach der Zinsgutschrift des Vorjahres?
b) Helmut Kunze verfügt am 02.01. dieses Jahres über die zum 31.12. des Vorjahres gutgeschriebenen Zinsen.
(1) Welcher Betrag wird ausgezahlt?
(2) Werden auf den Zinsbetrag Vorschusszinsen belastet? Begründen Sie Ihre Antwort.
c) Welcher Betrag wird am 20.06. dieses Jahres ausgezahlt? Schließen Sie das Konto zu diesem Termin ab.

→ **4.2.4.5 und 4.2.4.6**

19. Abrechnung eines Sparkontos

Zum 31.12. ist folgendes Sparkonto mit dreimonatiger Kündigungsfrist abzuschließen.

Zinssatz bis 30.06.	1,0% p.a.
Zinssatz ab 30.06.	1,5% p.a.
Saldovortrag am 31.12. des Vorjahres	2.000,00 Euro
Einzahlung am 04.04.	100,00 Euro
Abhebung am 26.04.	1.000,00 Euro
Einzahlung am 21.07.	4.000,00 Euro
Einzahlung am 11.12.	500,00 Euro

→ **4.2.4.6**

20. Sondersparformen im Vergleich

Vergleichen Sie Sparbriefe und Bonussparverträge (Prämiensparverträge) nach folgenden Kriterien:
- Rechtsnatur
- Verzinsung
- Laufzeit
- vorzeitige Verfügbarkeit

→ **4.2.4.9**

21. Sparbriefe und Sparschuldverschreibungen: Erwerb eines abgezinsten Sparbriefs

Ludwig Hebel wünscht 50.000,00 Euro risikolos zu einem angemessenen Zinssatz anzulegen. Das Geld soll fünf Jahre lang festgelegt werden. Der Kundenberater der Volksbank Gossenheim schlägt einen abgezinsten Sparbrief vor, der mit 4 % verzinst wird.

a) Worin unterscheidet sich der abgezinste Sparbrief vom normalverzinslichen Sparbrief?
b) Wie hoch ist der Nennwert des Sparbriefes (auf volle 1.000,00 Euro abgerundet)?
c) Wie hoch ist der genaue Kaufpreis?
d) Welchen Vorteil bietet die Anlage in Sparbriefen für den Kunden?
e) Nach drei Jahren gerät Ludwig Hebel in finanzielle Schwierigkeiten. Welche Möglichkeiten hat er, über einen Sparbrief seine Finanznöte zu beheben?

Abzinsungsfaktoren für Sparbriefe (Auszug)

Zinssatz in %	Laufzeit in Jahren 1	2	3	4	5	6
3,500	0,966184	0,933511	0,901943	0,871442	0,841973	0,813501
3,625	0,965018	0,931260	0,898683	0,867245	0,836907	0,807631
3,750	0,963855	0,929017	0,895438	0,863073	0,831878	0,801810
3,875	0,962696	0,926783	0,892210	0,858926	0,826884	0,796038
4,000	0,961538	0,924556	0,888996	0,854804	0,821927	0,790315
4,125	0,960384	0,922338	0,885799	0,850707	0,817005	0,784639
4,250	0,959233	0,920127	0,882616	0,846634	0,812119	0,779011
4,375	0,958084	0,917925	0,879449	0,842586	0,807268	0,773430
4,500	0,956938	0,915730	0,876297	0,838561	0,802451	0,767896

Beispiel: Einschließlich Zins und Zinseszins ergibt sich ein Euro bei einer fünfjährigen Anlagedauer aus einem Anlagebetrag von 0,841973 Euro zu einem Zinssatz von 3,5 % und aus einem Anlagebetrag von 0,0802451 Euro zu einem Zinssatz von 4,5 %.

→ 4.2.5

22. Erwerb von Sparbriefen

Ausgewählte Kaufpreisbeispiele bei abgezinsten Sparkassenbriefen:

Kapitaleinsatz Euro		**Rückzahlungsbetrag bei Fälligkeit Euro**	**Ihr Anlageerfolg Euro**	
Laufzeit 4 Jahre	**Laufzeit 5 Jahre**		**nach 4 Jahren**	**nach 5 Jahren**
879,91	841,97	1.000,00	120,09	158,03
1.759,82	1.683,94	2.000,00	240,18	316,06
4.399,55	4.209,85	5.000,00	600,45	790,15
8.799,10	8.419,70	10.000,00	1.200,90	1.580,30
17.598,20	16.839,40	20.000,00	2.401,80	3.160,60
21.997,75	21.049,25	25.000,00	3.002,25	3.950,75
43.995,50	42.098,50	50.000,00	6.004,50	7.901,50
87.991,00	84.197,00	100.000,00	12.009,00	15.803,00

a) Erläutern Sie diese Tabelle.
b) Der tatsächliche Kaufpreis ist in der Regel niedriger als der in der Tabelle ausgewiesene Kapitaleinsatz. Begründen Sie diesen Sachverhalt.
c) Welchen Kunden können abgezinste Sparbriefe empfohlen werden?

→ 4.2.5

23. Staatliche Förderung des Sparens: 5. Vermögensbildungsgesetz

Claus-Dieter Runge lässt sich bei der Sparkasse Linnum über die Anlage vermögenswirksamer Leistungen beraten. Im Rahmen des Beratungsgesprächs erhält der Kundenberater folgende Informationen über die persönliche Situation des Kunden sowie über seine Sparvorstellungen:

Daten Claus-Dieter Runge	
Ehestand	– Seit 15.12.2014 verheiratet – Ehefrau nicht berufstätig
Kinder	– 1 minderjähriges Kind
Beruf	– Handlungsbevollmächtigter bei einem kaufmännischen Unternehmen
Einkommen	– 40.500,00 Euro brutto p. a.
Tarifliche Leistungen des Arbeitgebers	– 40,00 Euro p. M.
Gewünschter Beginn der Spartätigkeit	– Dezember
Bevorzugte Anlageform	– Beteiligungswerte (Aktienfondssparen)

In dem Beratungsgespräch sind folgende Fragen zu klären:

a) Kann Claus-Dieter Runge vermögenswirksame Leistungen anlegen? Begründen Sie Ihre Entscheidung.
b) Welche Wertpapiere und welche Vertragsarten kommen für das begünstigte vermögenswirksame Sparen infrage?
c) Wie hoch ist für den Kunden der begünstigte Sparhöchstbetrag und wie hoch ist die Arbeitnehmer-Sparzulage, wenn er sich
   1. für das Sparen in Beteiligungspapieren nach dem 5. Vermögensbildungsgesetz (5. VermBG) oder
   2. für das Bausparen nach dem 5. VermBG

   entscheidet?
d) Welche Einkommensgrenze darf nicht überschritten werden? Prüfen Sie, ob der Kunde die Einkommensgrenze einhält.
e) Welche Vergünstigungen erhält der Kunde vom Arbeitgeber?
f) Welche Laufzeit hat ein Vertrag, wenn im Dezember die erste Sparleistung erbracht wird? Wie lange dauert die Einzahlungsphase?
g) Wie erhält der Kunde eine zu beanspruchende Arbeitnehmer-Sparzulage ausgezahlt?
h) Inwieweit können die erworbenen und festgelegten Wertpapiere während der Vertragslaufzeit gegen andere Papiere ausgetauscht werden?
i) Unter welchen Voraussetzungen könnte der Kunde im Hinblick auf die Heirat den Vertrag ohne Verlust der Sparzulage vorzeitig auflösen?

→ 4.2.6

24. Staatliche Förderung des Sparens: Vermögenswirksamer Wertpapiersparvertrag

Lennart Jung hat von Ihrer Bank einen Werbebrief zum Thema Sparen nach dem 5. VermBG erhalten. Da ihn die vielfältigen Anlagemodalitäten verwirren, bittet er um Beratung. Lennart Jung ist Berufssoldat bei der Bundeswehr.

a) Lennart Jung interessiert zunächst, ob auch er zum begünstigten Sparerkreis gehört.
b) Welche Bedingungen gelten für ihn hinsichtlich:
   Anlageformen, Sparhöchstbetrag pro Jahr, Einkommensgrenzen, Höhe der Arbeitnehmer-Sparzulage, Laufzeit der Sparverträge?
c) Wann und wie erhält er die vom Staat gewährten Zulagen?
d) Warum ist das vermögenswirksame Sparen für Kunden u. U. auch dann noch zu empfehlen, wenn das Einkommen die Höchstgrenze überschreitet?
e) Gibt es Beschränkungen für die Verwendung des angesammelten Guthabens, nachdem der Sparvertrag fällig geworden ist?

f) Wie sehen die Vertragsmodalitäten eines Wertpapiersparvertrages aus?
g) Wann ist die letzte Sparrate zu leisten und wann ist der VL-Vertrag (als Wertpapiersparvertrag) fällig, wenn die erste Rate im August des laufenden Jahres überwiesen wird?
h) Wie kann für das laufende Jahr noch die maximale Sparförderung für einen Wertpapiersparvertrag erzielt werden, wenn der Sparvertrag im August abgeschlossen wird?
i) In welchen Fällen ist eine vorzeitige Verfügung möglich, ohne dass die Sparzulage zurückgezahlt werden muss?
j) Inwieweit kann der Sparer vertragsunschädlich mit seinen Sparraten aussetzen?

→ 4.2.6

4.3 Anlagen in Bausparverträgen, Lebensversicherungen und staatlich geförderten Altersvorsorgeprodukten

1. Abschluss eines Bausparvertrages

Ein Kunde will einen Bausparvertrag über 50.000,00 Euro zum abgedruckten Tarif abschließen. Errechnen Sie
- die Abschlussgebühr,
- den monatlichen Regelsparbeitrag,
- den monatlichen Zins- und Tilgungsbeitrag bei Inanspruchnahme des Bauspardarlehens.

Tarife	LBS-Finanzierer
Sparphase:	
Abschlussgebühr (in % der Bausparsumme)	1
mtl. Sparbeitrag (in % der Bausparsumme)	0,4
Guthabenzins (%)	0,10
Bonus (%) jährlich	–
Mindestansparung (in % der Bausparsumme)	40
Darlehensphase:	
Vertragsentgelt p. a. (in Euro)	12
mtl. Zins- und Tilgungsbeitrag (in % der Bausparsumme)	0,5
Agio/Disagio (%)	–
effektiver Jahreszins (%)	2,39

→ 4.3.1.2

2. Staatliche Förderung des Bausparens

Johannes Stracke, kaufmännischer Angestellter, hat im Jahr 2021 mit der Colonia Bausparkasse einen Bausparvertrag über 45.000,00 Euro abgeschlossen. Er ist verheiratet und hat drei Kinder im Alter von 16, 14 und 11 Jahren. Seine Ehefrau ist nicht berufstätig. Johannes Strackes zu versteuerndes Einkommen beträgt 37.830,00 Euro im Jahr.

a) Welche staatlichen Vergünstigungen können für einen Bausparvertrag beansprucht werden?
b) Prüfen Sie, ob Johannes Stracke eine Wohnungsbau-Prämie erhalten kann.
c) Ermitteln Sie die Höhe der Wohnungsbau-Prämie, wenn Johannes Stracke die staatlich geförderte Höchstsparleistung erbringt.

d) Kann Johannes Stracke auch die Arbeitnehmer-Sparzulage erhalten? Welche Voraussetzungen muss er ggf. erfüllen?
e) Ermitteln Sie die Höhe der Arbeitnehmer-Sparzulage, wenn Johannes Stracke die staatlich geförderte Höchstsparleistung erbringt.
f) Wann endete die Festlegungsfrist für den staatlich geförderten Bausparvertrag und wann erhält Johannes Stracke die staatlichen Prämien und Zulagen?
g) Unter welchen Voraussetzungen könnte Johannes Stracke vorzeitig prämienunschädlich über die eingezahlten Bausparbeiträge verfügen?

→ 4.3.1

3. Staatliche Förderung des Bausparens für einen jungen Bausparer

Der 17-jährige Kolja Rübe hat bei der Landesbausparkasse Berlin-Hannover einen Bausparvertrag abgeschlossen.

a) Unter welchen Voraussetzungen erhält Herr Rübe eine Wohnungsbauprämie?
b) Inwieweit kann Herr Rübe über das eingezahlte Bausparguthaben prämienunschädlich verfügen?

→ 4.3.1

4. Beratung bei Bausparverträgen

Im Rahmen des Beratungsgesprächs über einen Bausparvertrag kommen verschiedene Fragen zur Flexibilität auf, die in nachfolgender Tabelle strukturiert sind.
Tragen Sie die Lösungen in die Tabelle ein.

Ausgangslage	Lösung für den Kunden	Ergebnis
Der Bausparer benötigt früher Geld als geplant.		
Der Bausparer ist nicht mehr am Bau oder Erwerb einer Immobilie interessiert.		
Der Bausparer hat einen finanziellen Engpass und kann die Sparleistungen nicht mehr erbringen.		
Der Bausparer hat einen höheren (niedrigeren) Finanzbedarf als bei Abschluss des Vertrags geplant.		

5. Altersvorsorge: Konzept der staatlichen Altersvorsorge

Das Ehepaar Anton und Beate Harms hat 3 Kinder. Zwei der Kinder sind nach dem 31.12.2007 geboren. Nur Anton Harms gehört zum begünstigten Personenkreis im Rahmen der staatlich geförderten privaten Altersvorsorge. Er hat im Vorjahr Einkünfte in Höhe von 50.000,00 Euro bezogen und Eigenbeiträge in Höhe von 950,00 Euro auf einen Vorsorgevertrag bei der Sparkasse (VorsorgePlus) eingezahlt. Für Beate Harms besteht ein eigener Altersvorsorgevertrag. Die Kinderzulage wird Beate Harms zugeordnet. Das Ehepaar hat die Zusammenveranlagung gewählt. Der Einkommensteuersteuersatz, dem das Ehepaar unterliegt, beläuft sich auf 20 %.

a) Erläutern Sie kurz, warum der Staat die private Altersvorsorge mit Zulagen unterstützt.
b) Ermitteln Sie den Mindesteigenbeitrag, den Anton Harms erbringen muss, um die höchstmögliche staatliche Altersvorsorgezulage zu erlangen.
c) Inwieweit muss Beate Harms selbst Eigenbeiträge leisten?
d) Ermitteln Sie die Höhe der staatlichen Altersvorsorge, die Anton und Beate Harms insgesamt beziehen.
e) Überprüfen Sie, ob der Sonderausgabenabzug in Höhe von Grundzulagen, Kinderzulagen und Eigenleistungen zu einer Steuererstattung führt.

→ 4.3.3.3

6. Private Altersvorsorge: Beratung

Stefanie Hildebrand hat nach ihrem Jurastudium vor drei Monaten eine Anstellung in einer Rechtsanwaltskanzlei gefunden. Neben ihren Beiträgen zur gesetzlichen Rentenversicherung möchte sie auch privat für das Alter vorsorgen.
Beraten Sie Frau Hildebrand.

a) Erläutern Sie, warum es immer wichtiger wird, neben der gesetzlichen Rentenversicherung auch privat eine finanzielle Vorsorge für das Alter zu treffen.
b) Bevor Sie mit der Beratung beginnen, sollten Sie eine Kundenanalyse durchführen.
Welche Fragen sollten Sie mit Frau Hildebrand besprechen, wenn sie sich für die private Altersvorsorge interessiert?
c) Häufig wird in der Anlageberatung von den drei oder vier Säulen der Altersvorsorge gesprochen. Welche Säulen sind damit gemeint und welche Anlageprodukte können Sie diesen Säulen zuordnen?
Erstellen Sie hierzu eine Übersicht.
d) Welches Versorgungsniveau sollte insgesamt im Alter mit den verschiedenen Versorgungsansprüchen erreicht werden?
Empfehlen Sie Frau Hildebrand eine sinnvolle Aufteilung der Versorgungsansprüche auf die Säulen der Altersvorsorge.
e) Die von der Bundesregierung eingesetzte Kommission zur Reform der Alterseinkünfte hat ein Drei-Schichten-Modell zur gesetzlichen und privaten Altersvorsorge entwickelt. Erläutern Sie den Aufbau dieses Drei-Schichten-Modells.
f) Sie bieten Frau Hildebrand folgende Anlageprodukte für ihre private Altersvorsorge an:
   - Private Rentenversicherung
   - Kapitallebensversicherung

   Stellen Sie in einer Übersicht die typischen Merkmale der beiden Altersvorsorgeprodukte zusammen.
g) Welche Besonderheiten weisen fondsgebundene Versicherungsverträge auf?

→ 4.3.3

7. Private Altersvorsorge: Riester-Rente 1

Die Eheleute Heike und Andreas Berthold interessieren sich für staatlich geförderte Möglichkeiten der privaten Altersvorsorge.
Andreas Berthold ist 42 Jahre alt und hat im Vorjahr als Heizungsmonteur 36.000,00 Euro brutto verdient. Heike Berthold ist 36 Jahre alt und verdiente als kaufmännische Angestellte (halbtags) 14.500,00 Euro brutto. Die Kinder sind 2004 und 2005 zur Welt gekommen.

a) Stellen Sie fest, ob Heike und Andreas Berthold zum geförderten Personenkreis der staatlich geförderten privaten Altersvorsorge gehören, und begründen Sie Ihre Entscheidung.

b) Die Eheleute Berthold möchten für die private Altersvorsorge in voller Höhe die staatliche Förderung der „Riester-Rente" erhalten. Stellen Sie die Förderbeträge, den jeweils erforderlichen Eigenbeitrag und die Höhe der Zulagen in den beiden folgenden Übersichten zusammen.

Geförderte Beiträge nach dem Altersvermögensgesetz	
	jährlich
Mindestbeitrag (einschl. Zulage) für die volle Zulage (in % des Vorjahres-Bruttoeinkommens)	
Maximal geförderter Beitrag (in Euro)	

Maximale Zulagen nach dem Altersvermögensgesetz (in Euro)	
	jährlich
Grundzulage (je Anleger)	
Kinderzulage (je Kind)	

c) Ermitteln Sie unter Angabe des Rechenweges, welche Eigenbeiträge Herr und Frau Berthold mindestens aufbringen müssen, um bei gleichbleibendem Einkommen in voller Höhe Anspruch auf die staatliche Förderung zu erwerben. Die Kinderzulage soll Andreas Berthold zugeordnet werden.

d) Welche Altersvorsorgeprodukte können Sie dem Ehepaar Berthold im Rahmen der „Riester-Rente" anbieten?

Zählen Sie geeignete Produkte auf und gehen Sie dabei auch auf die Voraussetzungen ein, die diese Produkte erfüllen müssen.

→ *4.3.3.3.1*

8. Private Altersvorsorge: Riester-Rente 2

Beate Bauer, alleinerziehende Mutter von zwei minderjährigen Kindern, die vor dem 31.12.2007 geboren sind, nimmt die staatliche Förderung für ein zertifiziertes Altersvorsorgeprodukt (Riester-Produkt) in Anspruch. Folgende Daten liegen vor:

Rentenversicherungspflichtiges Einkommen im Vorjahr	=	14.000,00 Euro
Grundzulage	=	175,00 Euro
Kinderzulage	=	185,00 Euro
Sockelbetrag	=	60,00 Euro

a) Erläutern Sie Beate Bauer die folgenden Begriffe aus der Riester-Förderung:
   (1) Grundzulage
   (2) Kinderzulage
   (3) Mindesteigenbeitrag
   (4) Sockelbetrag

b) Ermitteln Sie, welchen Eigenbeitrag Frau Bauer erbringen muss, um die vollen staatlichen Zulagen zu erhalten.

c) Wie hoch sind die staatlichen Zulagen, wenn Frau Bauer einen Eigenbeitrag von nur 45,00 Euro leisten möchte?

d) Wann liegt eine schädliche Verwendung der Sparleistungen vor?

→ *4.3.3.3.1*

9. Private Altersvorsorge: Riester-Rente 3

Ihr Kunde Hinrich Bratfisch ist verheiratet und hat zwei Kinder, die in den Jahren 2006 und 2009 geboren sind. Seine Ehefrau Helga ist nicht berufstätig. Die beitragspflichtigen Einnahmen von Herrn Bratfisch betrugen im Vorjahr 54.000,00 Euro. Die Voraussetzungen für eine steuerliche Zusammenveranlagung sind gegeben. Auf Antrag wird die Kinderzulage Herrn Bratfisch zugeordnet. Herr Bratfisch zahlt auf seinen Altersvorsorgevertrag 1.200,00 Euro ein. Ehefrau Helga zahlt den Sockelbetrag von 60,00 Euro auf den Vorsorgevertrag ihres Ehemanns ein, um ihre Zulageberechtigung zu wahren.

a) Wie hoch ist der Mindesteigenbeitrag, den Herr Bratfisch leisten muss, um die maximalen staatlichen Zulagen zu erhalten?
b) Wie hoch sind die staatlichen Zulagen, die Herr Bratfisch beanspruchen kann?
c) Wie hoch ist die Zulage, die Frau Bratfisch beanspruchen kann?
d) Unter welchen Voraussetzungen hat Frau Bratfisch Anspruch auf die staatliche Zulage?

→ *4.3.3.3.1*

10. Private Altersvorsorge: Riester-Rente 4

Jenny Klein ist nach ihrer Ausbildung neu als Privatkundenberaterin – insbesondere für Berufsstarter – zuständig. Sie hat im Rahmen einer Kundenberatung über einen Riester-Banksparplan das abgedruckte Produktinformationsblatt (PIB) erstellt und dem Kunden ausgehändigt.

VorsorgePlus
Banksparplan

R **Riester-Rente**
Produktinformationsblatt [1/2]

Dieses Informationsblatt ist kein Werbematerial, sondern stellt Ihnen wesentliche Produktinformationen zur Verfügung. Diese sind gesetzlich vorgeschrieben und sollen Ihnen dabei helfen, die Art, die Kosten sowie die möglichen Ertragschancen und Risiken dieses Produkts zu verstehen. Das Informationsblatt soll einen Vergleich mit anderen Produkten ermöglichen. Die Angaben sind nur bei planmäßigem Vertragsverlauf mit den unter "Ihre Daten" (siehe Seite 2) angegebenen Einzahlungen bis zum Beginn der Auszahlungsphase gültig. Die Berechnungen erfolgen mit einer beispielhaften Wertentwicklung.

> Produktbeschreibung

Ansparphase
Der Riester-Banksparplan VorsorgePlus ist ein staatlich geförderter verzinslicher Ratensparvertrag mit anschließender Auszahlungsphase. Sie haben die Möglichkeit, das angesparte Kapital auch für eine eigengenutzte Immobilie zu verwenden. Die Sparkasse versichert, dass mindestens die eingezahlten Beiträge und Altersvorsorgezulagen zu Beginn der Auszahlungsphase zur Verfügung stehen und für die Leistungserbringung genutzt werden (Beitragserhaltungszusage). Diese Beitragserhaltungszusage gilt für Altersvorsorgeverträge in allen Chancen-Risiko-Klassen.

Auszahlungsphase
Der Beginn der Auszahlungsphase wird individuell – im Rahmen der gesetzlichen Bestimmungen – vereinbart. Die Auszahlungsphase erfolgt als Auszahlungsplan in Verbindung mit einer lebenslangen Restverrentung (aufgeschobene Rentenversicherung) ab dem 85. Lebensjahr oder einer lebenslangen Leibrente ab Beginn der Auszahlungsphase. 30 % des angesparten Kapitals können zum Beginn der Auszahlungsphase sofort ausgezahlt werden, ohne dass die Förderung zurückgezahlt werden muss. Wird die Mindestrente nicht erreicht, ist die Sparkasse berechtigt, das angesparte Kapital in einer Summe (Kleinbetragsrente gemäß § 93 Absatz 3 EStG) auszuzahlen.

> Chancen-Risiko-Klasse

Die Chancen-Risiko-Klasse (CRK) gibt an, wie die Ertragschancen und Risiken dieses Produkts gegenüber anderen steuerlich geförderten Altersvorsorgeprodukten einzuschätzen sind. Für einen Musterkunden hat die unabhängige Produktinformationsstelle Altersvorsorge dieses Produkt für verschiedene Kapitalmarktszenarien über eine vergleichbare Ansparphase von Jahren untersucht und in die CRK eingeteilt. Dabei wurde berücksichtigt, ob dieses Produkt zu Beginn der Auszahlungsphase eine Beitragserhaltungszusage enthält. Riester-Produkte enthalten immer eine Beitragserhaltungszusage.

CRK 1 Das Produkt bietet eine sichere Anlage durch eine bis zum Beginn der Auszahlungsphase festgelegte garantierte (Mindest-)Verzinsung oder an einen Referenzzins gekoppelte Verzinsung mit niedrigen Ertragschancen. Das unwiderruflich gebildete Kapital nach Abzug der Kosten steigt in der Ansparphase fortwährend an. Der Anbieter gibt eine Beitragserhaltungszusage.

CRK 2 Das Produkt bietet eine sicherheitsorientierte Anlage mit begrenzten Ertragschancen. Der Anbieter gibt eine Beitragserhaltungszusage.

CRK 3 Das Produkt bietet eine ausgewogene Anlage mit moderaten Ertragschancen. Gibt der Anbieter keine Beitragserhaltungszusage, so besteht ein moderates Verlustrisiko.

CRK 4 Das Produkt bietet eine renditeorientierte Anlage mit höheren Ertragschancen. Gibt der Anbieter keine Beitragserhaltungszusage, so besteht ein höheres Verlustrisiko.

CRK 5 Das Produkt bietet eine chancenorientierte Anlage mit hohen Ertragschancen. Gibt der Anbieter keine Beitragserhaltungszusage, so besteht ein hohes Verlustrisiko.

> Basisdaten

Anbieter

Produkttyp
Riester-geförderter Banksparplan

Auszahlungsform
Die Altersleistung wird in Form einer lebenslangen Rente oder eines Auszahlungsplans bis zum 85. Lebensjahr und ab dem 85. Lebensjahr einer lebenslangen Rente gezahlt.

Beitragsänderung
Beitrag kann erhöht, verringert und freigestellt werden. Beitragsänderungen können sich auf die steuerliche Förderung, das Preis-Leistungs-Verhältnis und die Höhe der Leistung auswirken.

> Steuerliche Förderung

Prüfen Sie vor Abschluss, ob Sie förderberechtigt sind! Wenn ja, können Sie in der Ansparphase Zulagen und ggf. Steuervorteile erhalten. In der Auszahlungsphase müssen Sie die Altersleistung versteuern.

> Beispielrechnung

Die nachfolgende Tabelle zeigt beispielhafte Wertentwicklungen vor Kosten und die daraus errechneten Gesamtleistungen nach Kosten auf.

Beispielhafte Wertentwicklung pro Jahr	Kapital zu Beginn der Auszahlungsphase	Monatliche Altersleistung
0,00 %	68152 Euro	k. A. *
2,00 %	73978 Euro	k. A. *
4,00 %	99034 Euro	k. A. *
5,00 %	115256 Euro	k. A. *

* Die Bedingungen für die Verrentung stehen noch nicht fest.

157 821.000 D3 (Fassung Juni 2019) - v4.1.4

VorsorgePlus
Banksparplan

Zertifizierungsnummer
123456

> Ihre Daten

Person
Patrick PIB-Tester Einkommen (geb. 01.10.1980)
zulageberechtigt: ☒ unmittelbar ☐ mittelbar ☐ nein
☒ keine Kinder
☐ 1 Kind, Kinderzulage bis zum . Geburtstag
☐ Kinder, Kinderzulagen längstens bis zum . Geburtstag

Geplanter Vertragsverlauf

Ihr mtl. Beitrag	Einmalzahlung durch
162,17 Euro	☐ Kapitalübertragung ☒ Einzahlung
regelmäßige Erhöhung: nein	☐ Einzahlung und Kapitalübertragung 1783,83 Euro

Voraussichtlicher Vertragsbeginn	Einzahlungsdauer	Beginn der Auszahlungsphase
01.12.2016	25 Jahre, 10 Monate	02.10.2042 Es wurde die Vollendung des 62. Lebensjahrs angenommen, da ein bestimmter Termin nicht vereinbart wurde.

Eingezahlte Beiträge	52219 Euro
+ staatliche Zulagen (4004 + 0 € Kinder)	4004 Euro
Eingezahltes Kapital	56223 Euro

Garantiertes Kapital	56223 Euro
Garantierte mtl. Altersleistung	k. A.*1
Rentenfaktor	k. A.*2

Der Rentenfaktor ist garantiert. Er zeigt an, wie viel garantierte Altersleistung Sie pro 10.000 Euro angespartes Kapital mindestens erhalten.

*1 Die Bedingungen für die Verrentung stehen noch nicht fest.
*2 Der Rentenfaktor steht noch nicht fest.

Für die Verrentung des Kapitals und in der Auszahlungsphase fallen Kosten an. Eine schriftliche Information über die tatsächlich anfallenden Kosten erhalten Sie vor Beginn der Auszahlungsphase.

> Anbieterwechsel/Kündigung

Anbieterwechsel
Nachfolgende Tabelle enthält die errechneten Werte für einen Anbieterwechsel bei einer beispielhaften Wertentwicklung vor Kosten von %.

Vertragsdauer	Gezahlte Beiträge u. Zulagen	Übertragungswert	entspricht
1 Jahr	Euro	Euro	%
5 Jahre	Euro	Euro	%
12 Jahre	Euro	Euro	%
20 Jahre	Euro	Euro	%
30 Jahre	Euro	Euro	%

Für einen neuen Vertrag können erneut Abschluss- und Vertriebskosten anfallen.

Kündigung
Bei einer Kündigung mit Auszahlung müssen Sie bisherige Zulagen und Steuervorteile zurückzahlen. Das gilt nicht, wenn Sie das angesparte Kapital für eine wohnungswirtschaftliche Verwendung einer eigengenutzten Immobilie eingesetzt haben. Statt der Kündigung kann auch eine Beitragsfreistellung in Betracht kommen.

Anbieterwechsel
Für einen neuen Vertrag können erneut Abschluss- und Vertriebskosten anfallen.

Kündigung
Nachfolgende Tabelle enthält die errechneten Werte für eine Kündigung mit förderschädlicher Auszahlung bei einer beispielhaften Wertentwicklung vor Kosten von 4,00 %.

Riester-Rente
Produktinformationsblatt [2/2]

Vertragsdauer	Gezahlte Beiträge u. Zulagen	Auszahlungswert	entspricht
1 Jahr	3884 Euro	3943 Euro	1,02 %
5 Jahre	12284 Euro	13689 Euro	1,11 %
12 Jahre	26984 Euro	34894 Euro	1,29 %
20 Jahre	43785 Euro	67447 Euro	1,54 %
30 Jahre	0 Euro	0 Euro	0,00 %

Bei einer Kündigung mit Auszahlung müssen Sie bisherige Zulagen und Steuervorteile zurückzahlen. Das gilt nicht, wenn Sie das angesparte Kapital für eine wohnungswirtschaftliche Verwendung einer eigengenutzten Immobilie eingesetzt haben. Statt der Kündigung kann auch eine Beitragsfreistellung in Betracht kommen.

Weitere Information unter:
www.bundesfinanzministerium.de/
Produktinformationsblatt

157 821.000 D3 (Fassung Juni 2019) - v4.1.4

VorsorgePlus
Banksparplan

Zertifizierungsnummer
123456

Riester-Rente
Produkt-informationsblatt [2/2]

> Effektivkosten

0,96 Prozentpunkte

Bei der Berechnung der Effektivkosten wurden für den dargestellten Vertragsverlauf renditemindernde Größen berücksichtigt, die sich auf die Höhe des Kapitals zu Beginn der Auszahlungsphase auswirken. Dies sind insbesondere die Kosten der Ansparphase. Eine beispielhafte Wertentwicklung von 4,00 % wird durch die renditemindernden Größen von 0,96 Prozentpunkten auf eine Effektivrendite von 3,04 % verringert.

> Einzelne Kosten

Der Anbieter darf vertraglich nur folgende Kosten berechnen:

Ansparphase

Abschluss- und Vertriebskosten

Insgesamt	**0,00 Euro**

Verwaltungskosten

Voraussichtlich insgesamt im ersten vollen Vertragsjahr	**10 Euro**
jährlich anfallende Kosten in Euro	10 Euro

Auszahlungsphase

Die Kosten der Auszahlungsphase stehen noch nicht fest, weil die Bedingungen für die Verrentung Ihres Kapitals zu Beginn der Auszahlungsphase noch nicht feststehen.

Kosten für einzelne Anlässe

Kündigung (Vertragswechsel oder Auszahlung)	60,00 Euro/50,00 Euro
Vertragswechsel innerhalb der Finanzgruppe	30,00 Euro
Kapitalverwendung für eigengenutzte Immobilie	100,00 Euro
Versorgungsausgleich	100,00 Euro

> Absicherung der Anbieterinsolvenz

Die
gehört dem institutsbezogenen Sicherungssystem der Deutschen Sparkassen-Finanzgruppe an. Primäre Zielsetzung des Sicherungssystems ist es, die angehörenden Institute selbst zu schützen und bei diesen drohende oder bestehende wirtschaftliche Schwierigkeiten abzuwenden. Auf diese Weise schützt die Institutssicherung auch die Einlagen der Kunden.

Weitere Information unter:
www.bundesfinanzministerium.de/
Produktinformationsblatt

157 821.000 D3 (Fassung Juni 2019) - v4.1.4

Der Kunde stellt noch folgende Nachfragen:

a) Warum erhält er dieses „Werbematerial"?
b) Was heißt „unmittelbar zulageberechtigt"?
c) Welchen besonderen Vorteil hat er als Berufsanfänger?
d) Welche alternativen Produkte kommen für eine Riester-Förderung noch in Betracht?

→ 4.3.3.3.1

11. Private Altersvorsorge: Rürup-Rente

Holger Meixner arbeitet seit dem vergangenen Jahr als selbstständiger Architekt. Er überlegt, ob er als freiwillig Versicherter Beträge in die gesetzliche Rentenversicherung einzahlen oder eher eine private Rentenversicherung abschließen soll. Holger Meixner wäre in der Lage, monatlich zwischen 300,00 und 400,00 Euro anzusparen.

a) Erläutern Sie Holger Meixner die grundlegenden Unterschiede zwischen der umlagenfinanzierten gesetzlichen Rentenversicherung und der kapitalgedeckten privaten Rentenversicherung.
b) Kann Holger Meixner auch einen staatlich geförderten Altersvorsorgevertrag abschließen, der die Vorgaben der „Riester-Rente" erfüllt?
c) Holger Meixner interessiert sich besonders für die Besteuerung der Erträge aus den Rentenversicherungen im Alter. Wie werden die ausgezahlten Erträge bei der gesetzlichen und bei der privaten Rentenversicherung im Alter besteuert?
d) Holger Meixner hat gehört, dass es auch eine „Rürup-Rente" geben soll, die besonders für Selbstständige empfehlenswert sei. Erläutern Sie Herrn Meixner die wichtigsten Merkmale der „Rürup-Rente".

→ 4.3.3.2

12. Private Altersvorsorge: Vor- und Nachteile der Rürup-Rente

Vor Abschluss einer Basis-Rentenversicherung (Rürup-Rente) in Ihrem Institut möchten Sie Ihrem Kunden Holger Meixner noch einmal die Vor- und Nachteile des Produktes gegenüberstellen.
Nennen Sie ihm mindestens je drei Vor- und Nachteile des Produktes.

→ 4.3.3.2

13. Private Altersvorsorge: Lebensversicherung

Petra Klein erwartet in zwei Jahren den Eintritt in die gesetzliche Rente und hatte zur Altersvorsorge vor über 20 Jahren eine kapitalbildende Lebensversicherung mit einer Garantieverzinsung von 4 % abgeschlossen. Ein Schreiben der Lebensversicherung berichtet von einer Senkung der Gesamtverzinsung von 4,1 % auf 3,7 % bei gleichzeitiger Senkung der laufenden Verzinsung auf 3,1 %.

Die Kundin möchte wissen, wo der Unterschied zwischen laufender Verzinsung, Garantiezinssatz und Gesamtverzinsung liegt.

→ 4.3.2

4.4 Anlagen in Wertpapieren

1. Schuldverschreibungen: Anlagen in Industrieobligationen 1

Peter Frisch möchte einen Betrag von 5.000,00 Euro anlegen. Den dokumentierten Kundenangaben für die Anlageberatung können Sie entnehmen, dass er sich als risikobereit eingestuft hat. Für die von Ihnen angebotene Neuemission der Anleihe von Heidelberg Cement zeigt er besonderes Interesse.

Emittent:	Heidelberg Cement
Nominalzins:	5,625 %
Emissionsvolumen:	ca. 500 Mio. Euro
Emissionskurs:	94 %
Rendite:	6,44 %
Fällig:	04.01.2022
Rating:	BBB/Baa 3

Vergleichsrendite Euro-Staatsanleihen mit Fälligkeit 2022: 4,36 %

a) Erklären Sie Peter Frisch, warum die Rendite der Industrieobligation wesentlich höher ist als die Rendite einer vergleichbaren Euro-Staatsanleihe.
b) Peter Frisch möchte wissen, was „Rating" heißt und welche Bedeutung dies für ihn hat.
c) Klären Sie Peter Frisch über die Risiken einer Anlage in Schuldverschreibungen auf. Gehen Sie dabei besonders auf die Anleihe von Heidelberg Cement ein.

→ ***4.4.2.3.3 und 4.4.2.5***

2. Schuldverschreibungen: Anlagen in Industrieobligationen 2

Ihr Kunde Christian Meier hat einen Artikel zu Unternehmensanleihen gelesen. In einer Infobox wurden zwei Anleihen vorgestellt. Aufgrund der attraktiv erscheinenden Renditen möchte Herr Meier 10.000,00 Euro in eine der beiden Anleihen investieren.

Diese beiden Anleihen stehen zur Auswahl:
- Auto AG, Nominalzinssatz 8 %, Kurs 97,50 %, Rating: B–, Restlaufzeit 8 Jahre
- Industrie AG, Nominalzinssatz 7 %, Kurs 95,50 % Rating: nicht vorhanden, Restlaufzeit 3 Jahre

a) Ermitteln Sie die Rendite der beiden Anleihen vor Steuern. Welche Anleihe ist Herrn Meier zu empfehlen?
Formel:

$$\frac{\text{Nominalzins} + \left(\dfrac{\text{Rückzahlungskurs} - \text{Anschaffungskurs}}{\text{(Rest-)Laufzeit}}\right)}{\text{Anschaffungskurs}} \times 100$$

b) Unabhängig von der Renditebetrachtung erklärt Herr Meier Ihnen, dass er eher zu der Anleihe der Industrie AG tendiert, da er das Rating „B–" der Auto AG für zu risikoreich hält. Wie beurteilen Sie diese Aussage?

→ ***4.4.2.3.3***

3. Schuldverschreibungen: Auslandsanleihen

Einer Ihrer Kunden äußert in einem Beratungsgespräch seine Unzufriedenheit mit der Verzinsung seiner Geldanlagen. Er ist Ihnen als sicherheitsorientierter Anleger bekannt und hat bisher im Wertpapiergeschäft nur mit Geldmarktfonds Erfahrungen gesammelt.
Der Kunde legt Ihnen folgenden Zeitungsausschnitt vor.

Emittent	Währung	Kupon	Rating S&P/Moody´s	Laufzeit	Kurs	Rendite
Bulgarien	Euro	7,5 %	BBB-/Ba1	8,5 Jahre	124,90	3,804 %
Ungarn	Euro	4,5 %	A–/A1	9 Jahre	106,10	3,689 %
Ukraine	Euro	10,0 %	B+/B1	2 Jahre	107,55	6,286 %
Polen	Zloty	6,0 %	A–/A2	4 Jahre	99,78	6,050 %

a) Erläutern Sie dem Kunden die Bedeutung des Kupons einer Anleihe.

b) Berechnen und erklären Sie für die Ungarnanleihe die Ertragskennziffern:
  - laufende Verzinsung,
  - Effektivverzinsung (Rendite nach Faustformel).

$$\text{Rendite (Faustformel)} = \frac{NZ + \frac{RK - AK}{L}}{AK} \times 100$$

NZ = Nominalzins
RK = Rückzahlungskurs
AK = Anschaffungskurs
L = (Rest-)Laufzeit

c) Erläutern Sie dem Kunden die Bedeutung eines Ratings.

d) Stellen Sie eine Verbindung zwischen dem Rating und den Renditeunterschieden zwischen den Anleihen Bulgariens, Ungarns und der Ukraine her.

e) Welche Risiken trägt ein Anleger, der die Polen-Anleihe kauft?

→ *4.4.2.3.4 und 4.4.2.5*

4. Schuldverschreibungen: Währungsanleihe

Luise Gerster interessiert sich für eine fünfjährige Anleihe in Südafrikanischen Rand (ZAR). Die Anleihe hat einen Nominalzinssatz von 14 % p. a. und wird zu 100 % emittiert. Eine Anleihe mit vergleichbaren Risiken weist eine Rendite von 4 % auf. Insgesamt sollen 10.000,00 Euro bzw. der Gegenwert in ZAR investiert werden.
Sie informieren die Kundin über alle relevanten Risiken der Schuldverschreibung. Beim Währungsrisiko der Anleihe möchte die Kundin gerne wissen, bis zu welchem Kurs der Südafrikanische Rand gegenüber dem Euro sinken kann, bis die Renditedifferenz während der fünfjährigen Laufzeit aufgezehrt ist.
Der aktuelle Kurs beträgt: 1 Euro = 10 ZAR.

→ *4.4.2.3.4*

5. Schuldverschreibungen: Besondere Ausstattung 1

Festlegung des Zinssatzes für:

Euro 150.000.000,–
Hypothekenpfandbriefe
Reihe 927 von 2015/2025
mit variablem Zinssatz
– ISIN DE000A0HNWF9 –

Zinssatz:	0,234 % p. a.
Zinsperiode:	17.06.2021 bis 16.09.2021 jeweils einschl. (92 Tage)
Zinstermin:	17.09.2021

Hamburg, im Juni 2021

Genossenschaftliche FinanzGruppe
Volksbanken Raiffeisenbanken

a) Um welche Art von Wertpapier handelt es sich?
b) Beurteilen Sie das Zinsrisiko (Zinsänderungsrisiko) des Hypothekenpfandbriefs.
c) Vergleichen Sie das Wertpapier mit einem Termingeldkonto.

→ *4.4.2.3.6 und 4.4.2.2*

6. Schuldverschreibungen: Besondere Ausstattung 2

Bei bestimmten 10- und 30-jährigen Bundesanleihen können Kapital- und Zinsansprüche getrennt und separat gehandelt werden.

a) Erläutern Sie das Verfahren des Stripping.
b) Erläutern Sie die Vorteile, die das Verfahren für Anleger haben kann.

→ *4.4.2.3.6*

7. Schuldverschreibungen: Pfandbriefe

Vergleichen Sie Hypothekenpfandbriefe und Öffentliche Pfandbriefe (Kommunalschuldverschreibungen) mit anderen Inhaberschuldverschreibungen von Kreditinstituten.

→ *4.4.2.3.2*

8. Schuldverschreibungen: Auslandsanleihen

Welche Chancen und welche Risiken bieten Fremdwährungsanleihen dem Anleger?

→ *4.4.2.3.4*

9. Schuldverschreibungen: Bundeswertpapiere

Auszug aus dem Verkaufsangebot für eine Bundesanleihe:
„Die Lieferung erfolgt durch Einlegung in ein Sammeldepot bei einer Wertpapiersammelbank über ein Kreditinstitut (Sammelbestandsanteile). Die Ausgabe von Stücken ist für die gesamte Laufzeit ausgeschlossen."

a) Ein Kunde wünscht für Geschenkzwecke die Auslieferung von 3 Urkunden über je 100,00 Euro.
b) Wie werden fällige Zinsen und Rückzahlungsbeträge gutgeschrieben?
c) Welche Kosten entstehen bei der Lieferung?

→ **4.4.2.3.1**

10. Schuldverschreibungen: Zerobonds

Ihre Kundin Sabine Nullinger, 58 Jahre, möchte ex Emission einen Zerobond, Nennwert 100.000,00 Euro, zu einem Kurs von 49,66 % erwerben (Laufzeit 10 Jahre).

Nennen und erläutern Sie kurz die Vor- und Nachteile dieser Anleiheform.

→ **4.4.2.3.6**

11. Schuldverschreibungen: Zinsänderungsrisiko

Ein zentrales Risiko bei Investitionen in Anleihen ist das Zins- bzw. Zinsänderungsrisiko.

a) Erklären Sie einem Kunden das Zinsänderungsrisiko auf anschauliche Weise.
b) Welche Faktoren bestimmen die Höhe des Zinsänderungsrisikos bei Anleihen?

→ **4.4.2.5**

12. Aktien: Aktienarten 1

Andreas Pietsch hat in seinem Depot 100 Stück Vorzugsaktien der Automobilbau AG.
Er spricht seinen Kundenberater auf die unterschiedlichen Kursverläufe der Stamm- und Vorzugsaktien an.

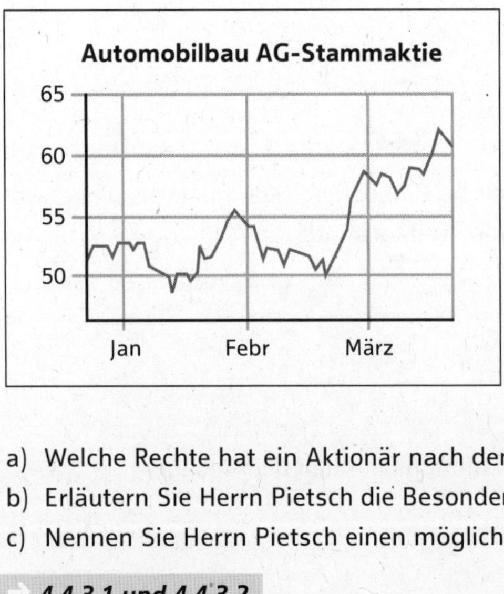

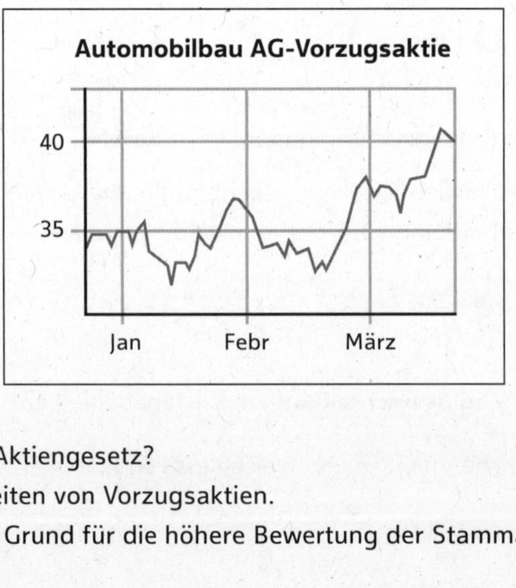

a) Welche Rechte hat ein Aktionär nach dem Aktiengesetz?
b) Erläutern Sie Herrn Pietsch die Besonderheiten von Vorzugsaktien.
c) Nennen Sie Herrn Pietsch einen möglichen Grund für die höhere Bewertung der Stammaktie.

→ **4.4.3.1 und 4.4.3.2**

13. Aktien: Aktienarten 2

Julian Franz erhält die Einladung zur Hauptversammlung der Spiele AG.

Wir laden hiermit die Aktionäre unserer Gesellschaft zu der am **Montag, dem 20. Nov. 20.., 09:00 Uhr,** stattfindenden **Ordentlichen Hauptversammlung** ein.

TAGESORDNUNG

1. Vorlage des festgestellten Jahresabschlusses unddes Lageberichts des Vorstands für die Spiele Aktiengesellschaft und den Konzern mit dem Bericht des Aufsichtsrats.
2. Beschlussfassung über die Entlastung des Vorstands und des Aufsichtsrats für das Geschäftsjahr
   Aufsichtsrat und Vorstand schlagen vor, Entlastung zu erteilen.
3. Umstellung des Grundkapitals auf Stückaktien und Satzungsänderung
   Das „Gesetz über die Zulassungvon Stückaktien" eröffnet Aktiengesellschaften die Möglichkeit, das bisher in Nennbetragsaktien zerlegte Grundkapital in Stückaktien (Aktien ohne Nennbetrag) einzuteilen. Von dieser Möglichkeit soll Gebrauch gemacht werden. Wie die Nennbetragsaktie verkörpert die Stückaktie einen Anteil am Grundkapital der Gesellschaft. Dabei sind alle Stückaktien im gleichen Umfang am Grundkapital beteiligt.
   Vorstand und Aufsichtsrat schlagen vor, folgenden Beschluss zu fassen:
   A. Das Grundkapital der Gesellschaft wird in Stückaktien (Aktien ohne Nennbetrag) eingeteilt. Diese werden durch die bisher ausgegebenen Aktienurkunden verkörpert. Aus jeweils einer Aktie im Nennbetrag von 5,00 Euro wird eine Stückaktie.
   B. § 4 Satz 1 der Satzung wird wie folgt neu gefasst:
   „Es ist eingeteilt in 4.500.000 auf den Inhaber lautende Stückaktien."
4. Erhöhung des Grundkapitals
   Die Globalisierung der Märkte erfordert die Ausweitung der Aktivitäten durch Erwerb der USX Global Company, New York. Der Kaufpreis soll durch Ausgabe von 1.000.000 StückVorzugsaktien ohne Stimmrecht erzielt werden. Konsortialführer ist die ASB-Bank. Das Volumen dieser Kapitalmaßnahme beträgt 20.000.000,00 Euro. Die Bezugsfrist läuft vom 24. November bis 7. Dezember
5. Wahl der Abschlussprüfer für das Geschäftsjahr

Kiel, im September 20.. DER VORSTAND

a) Informieren Sie den Kunden über seine Rechte als Aktionär.
b) Vergleichen Sie Stückaktien und Nennbetragsaktien, Stammaktien und Vorzugsaktien.
c) Beschreiben Sie Chancen und Risiken einer Geldanlage in Aktien.

→ *4.4.3.1 und 4.4.3.2*

14. Aktien: Kapitalerhöhung 1

Für Ihre Depotkundin Clara Fischer verwahren Sie ein Aktienpaket von 2.000 Stück Megatec AG Aktien. Auf der Hauptversammlung der Megatec AG wurde beschlossen, das Grundkapital im Verhältnis 4:1 durch Ausgabe von neuen Aktien zu erhöhen. Der Bezugspreis einer neuen Aktie beträgt 40,00 Euro, der Börsenkurs einer alten Aktie liegt bei 50,50 Euro. Die jungen Aktien wurden mit einem hälftigen Dividendenanspruch ausgegeben, die Dividende der Altaktie beträgt 1,00 Euro je Aktie.

a) Im Beratungsgespräch erklärt die Kundin, dass sie an der Kapitalerhöhung teilnehmen möchte. Sie will allerdings kein zusätzliches eigenes Geld einsetzen. Berechnen Sie die Anzahl der jungen Aktien, die die Kundin ohne Einsatz neuer liquider Mittel beziehen kann. Lassen Sie dabei die Kosten der Transaktion und Gebühren außer Acht.
b) Erklären Sie Clara Fischer, warum die jungen Aktien an der Börse gesondert notiert werden.
c) Auf der Hauptversammlung der Megatec AG wurde ebenfalls beschlossen, die Zahl der ausgegebenen Aktien zu verzehnfachen. Der Aktiensplit erfolgt durch eine entsprechende Reduzierung des Nennwertes. Erklären Sie Clara Fischer die Auswirkungen auf ihren Aktienbestand.

→ *4.4.3.4*

15. Aktien: Kapitalerhöhung 2

Achim Blum besitzt 1.000 Aktien der Telo-Sport-AG. Er druckt sich aus den Börseninformationen, die im Rahmen des Internetauftritts seiner Bank bereitgestellt werden, folgende Nachricht aus.

Ad hoc: Telo-Sport-AG beschließt Kapitalerhöhung
Ad-hoc-Mitteilung verarbeitet und übermittelt durch die DGAP. Für den Inhalt der Mitteilung ist der Emittent verantwortlich.
WKN: 932705; ISIN: LU0106198321; Index: MDAX Notiert: Geregelter Markt in Frankfurt (Prime Standard); Freiverkehr in Berlin, Düsseldorf, Hamburg, München und Stuttgart

Das bisherige Kapital der Telo-Sport-AG von 107.187.487,50 Euro ist eingeteilt in 85.749.990 nennwertlose Stückaktien mit Stimmrecht. Die Kapitalerhöhung wird durch Ausgabe von 25.724.997 stimmberechtigten Stückaktien ohne Nennbetrag sowie Gewinnberechtigung für das laufende Geschäftsjahr (01.01.–31.12.) zum Bezugspreis von 3,90 Euro je Aktie durchgeführt. Vorbehaltlich der Billigung des Verkaufsprospektes durch die Frankfurter Wertpapierbörse [...] ist vorgesehen, dass die Bezugsfrist für die neuen Telo-Sport-Aktien am 11. März beginnt und voraussichtlich am 13. April endet.

a) Achim Blum bittet Sie um Erläuterung folgender Begriffe:
   - Ad-hoc-Mitteilung,
   - MDAX,
   - Prime Standard.
b) Erläutern Sie Achim Blum mögliche Gründe für die Durchführung der Kapitalerhöhung.
c) Achim Blum möchte nicht an der Kapitalerhöhung teilnehmen. Er möchte aber wissen, welchen Betrag er voraussichtlich aus dem Verkauf der Bezugsrechte erlösen wird. Der aktuelle Aktienkurs beträgt 6,00 Euro. Die neuen Aktien haben den gleichen rechnerischen Anteil am Grundkapital wie die alten Aktien.
d) Achim Blum ist während der Bezugsfrist auf einer Reise in den USA. Er möchte wissen, was mit seinen Bezugsrechten passiert.

→ ***1.5.2.2, 4.4.3.4.1 und 4.4.8.2.2***

16. Aktien: Ausgabe einer Wandelschuldverschreibung

Die Einladung zur Hauptversammlung der Böhme AG enthält folgenden Tagesordnungspunkt:

TOP 7 *Beschlussfassung über die Ermächtigung zur Ausgabe von Wandelschuldverschreibungen an den Vorstand, das Topmanagement im Konzern, das Management sowie die übrigen außertariflichen und tariflichen Mitarbeiter; Schaffung eines Bedingten Kapitals sowie die entsprechende Satzungsänderung*

a) [...] Das gesetzliche Bezugsrecht der Aktionäre wird ausgeschlossen.

a) Erläutern Sie die Begriffe:
   - Wandelschuldverschreibung
   - Bedingtes Kapital
b) Was bedeutet „Das gesetzliche Bezugsrecht der Aktionäre wird ausgeschlossen"?
c) Nennen und erläutern Sie einem Aktionär jeweils einen möglichen Vorteil und einen Nachteil, wenn er der Beschlussfassung zu TOP 7 zustimmt.

→ ***4.4.3.4.1 und 4.4.2.3.5***

17. Aktien: Berichtigungsaktien

Ihr Depotkunde Peter Groß erhält eine „Aufforderung zur Entgegennahme von Berichtigungsaktien“: *„Die Hauptversammlung der Betamax Aktiengesellschaft, Düsseldorf, hat beschlossen, das Grundkapital aus Gesellschaftsmitteln um 10 Mio. Euro auf 60 Mio. Euro durch Umwandlung von Rücklagen zu erhöhen. Wir bitten, zur Entgegennahme der Berichtigungsaktien den Dividendenschein Nr. 14 bereitzustellen.“*

Im Girosammeldepot von Peter Groß sind 342 Aktien verbucht.

a) Erklären Sie dem Kunden die Kapitalerhöhung aus Gesellschaftsmitteln.
b) Welche Konsequenzen hat die Kapitalerhöhung für das Kundendepot?

→ **4.4.3.4**

18. Aktien: Beratung über eine Neuemission 1

Helga Peters interessiert sich für Neuemissionen von Aktien. In einem Beratungsgespräch legt sie Ihnen folgende Mitteilungen aus der Tagespresse vor.

Deutsche Metallwaren AG

Am 17. Mai platzierte die Deutsche Metallwaren AG, Eisenach, 1,5 Millionen Aktien, davon 0,5 Mio. Stück aus dem Besitz der Altaktionäre stammend, zum Festpreis von 9,25 Euro. Als Börsensegment wurde der Regulierte Markt in Frankfurt mit gleichzeitiger Aufnahme in den General Standard gewählt. Eine Mehrzuteilungsoption (Greenshoe) wurde nicht angeboten. Das effektive Platzierungsvolumen betrug 13,8 Mio. Euro, wovon 9,25 Mio. Euro dem Unternehmen brutto zufließen. Der Freefloat beträgt zum Zeitpunkt der Notierung 25 % und die Gesamtkapitalisierung des Unternehmens bemisst sich nach Mittelzufluss auf 55,5 Mio. Euro. Das Unternehmen erzielte im letzten Geschäftsjahr einen Jahresüberschuss von 2,7 Mio. Euro bei einem Umsatz von 63,3 Mio. Euro. Der Börsengang wurde federführend vom Bankhaus Merck Finck & Co. begleitet.

WIBORG AG

Der Automobil- und Flugzeugbauzulieferer bot vom 10. bis 18. Mai inklusive einer Mehrzuteilungsoption von 1,24 Mio. Stück insgesamt 9,51 Mio. Aktien an. Davon stammen 2,48 Mio. Anteile aus einer Kapitalerhöhung. Die Aktien wurden in einer Bookbuilding-Spanne von 41,00 Euro bis 50,00 Euro angeboten, wobei schließlich der Emissionspreis mit 41,00 Euro an deren unterem Ende lag. Das Platzierungsvolumen beträgt somit effektiv 339,1 Mio. Euro (vor Greenshoe), wovon 30 % (101,7 Mio. Euro brutto) der Gesellschaft zufließen. Diese Mittel sollen zur Rückführung von Verbindlichkeiten verwendet werden. Konsortialführer dieser Emission sind die Deutsche Bank sowie Goldman Sachs. Als Börsensegment wurde der Prime Standard der Frankfurter Börse gewählt.

a) Die Kundin bittet um Erläuterung folgender Begriffe:
   - General Standard und Prime Standard
   - Regulierter und unregulierter Markt
   - Festpreis- und Bookbuilding-Verfahren
b) Erklären Sie Helga Peters mögliche Gründe, warum die Wiborg AG eine Notierung im Prime Standard gegenüber dem General Standard bevorzugte. Stellen Sie dabei den Zusammenhang zu einer möglichen Kaufentscheidung her.

→ **4.4.7.1.3 und 4.4.3.4.1**

19. Aktien: Beratung über eine Neuemission 2

ALBA Beteiligungs-Aktiengesellschaft

Börseneinführungsprospekt

Stück 1.400.000 auf den Inhaber lautende Stückaktien
ohne Nennwert
mit Gewinnanteilberechtigung ab dem 1. Januar 20..

Kaufangebote werden von der Westdeutschen Effektenbank AG
in der Zeit vom

14. Oktober bis 28. Oktober 20..
(vorbehaltlich einer Verkürzung der Angebotsfrist)

innerhalb einer Preisspanne von

14 Euro bis 18 Euro je Inhaberstückaktie

freibleibend entgegengenommen und können mit einem Preislimit innerhalb der angegebenen Preisspanne versehen werden. Die Anzahl der zugeteilten Inhaberstückaktien wird von der Westdeutschen Effektenbank AG im Einvernehmen mit der Gesellschaft mithilfe eines im Bookbuilding-Verfahren erstellten Orderbuches bestimmt. Der Verkaufspreis wird auf Basis der bis zum Ende der Verkaufsfrist eingegangenen Kaufangebote voraussichtlich am Abend des 28. Oktober 20.. festgelegt. Ein Anspruch auf Annahme der Kaufangebote oder einer Mindestzuteilung der Kaufangebote besteht nicht.

Kaufangebote privater Anleger müssen über eine Depotbank abgegeben werden, die gegenüber der Westdeutschen Effektenbank AG ein verbindliches Kaufangebot abgibt.

Die Aufnahme der Preisfeststellungim Freiverkehr an der Wertpapierbörse Düsseldorf ist für den 31. Oktober 20.. vorgesehen.

a) Um welches Emissionsverfahren handelt es sich im Fall der ALBA Beteiligungs-AG?
b) Wodurch ist das Verfahren gekennzeichnet?
c) Welche Angaben müssen in einem Bezugsangebot enthalten sein?
d) Kann das Emissionskonsortium die Preisspanne während der Zeichnungsfrist ändern? Begründen Sie Ihre Entscheidung.
e) Ein Kunde erteilt einen Zeichnungsauftrag über 500 Stück, limitiert mit 15,00 Euro.
   (1) Welche Auswirkungen hat dies für die Feststellung des Emissionspreises?
   (2) Wie wirkt sich das Limit bei der Zuteilung aus?
f) Wie erfolgt die Zuteilung der Aktien auf die Zeichnungsaufträge?
g) Beschreiben Sie das Verfahren, wenn das Zeichnungsvolumen unter dem Emissionsvolumen liegt.
h) Welche Angaben muss der Kunde bei der Ordererteilung machen?
i) Stellen Sie die drei möglichen Verfahren für Aktienemissionen tabellarisch gegenüber.

→ 4.4.3.4.1

20. Aktienhandel: Meldepflichten

Robert Kiel ist Aktionär der SAP AG. Er erzählt im Rahmen eines Beratungsgesprächs von seiner neuen Applikation „Insideraktien“ für das Smartphone. Über die App hat er gestern eine Information über den meldepflichtigen Verkauf von 10.000 SAP-Aktien durch Insider erfahren.

a) Erklären Sie Robert Kiel den rechtlichen Hintergrund der Veröffentlichung.
b) Zeigen Sie ihm die Bedeutung für seinen Aktienbestand auf.

→ *1.5.2.2 und 4.4.3.4.2*

21. Investmentanteile: Anlage in Investmentanteilen 1

Thomas Berndt möchte regelmäßig 300,00 Euro im Monat für seine Altersversorgung sparen und interessiert sich für Wertpapieranlagen. Nach einem ausführlichen Beratungsgespräch empfehlen Sie ihm einen Investmentfonds-Sparplan.

a) Erklären Sie dem Kunden kurz die Begriffe Aktienfonds, Rentenfonds, Geldmarktfonds und offener Immobilienfonds, damit Thomas Berndt eine Anlageentscheidung treffen kann.
b) Erklären Sie dem Kunden die Vorteile eines Investmentfonds-Sparplans unter Hinweis auf den Effekt des Cost-Averaging. Weisen Sie den Effekt mit einem kurzen Rechenbeispiel nach:
   - Anleger A investiert an drei aufeinanderfolgenden Monaten in je sechs Investmentanteile mit einem Ausgabepreis von 25,00 Euro, 75,00 Euro bzw. 50,00 Euro je Anteil.
   - Anleger B (Thomas Berndt) investiert jeweils 300,00 Euro im Monat zu den gleichen Ausgabepreisen wie Anleger A.
   - Der Rücknahmepreis der Anteile am Ende des dritten Monats beträgt 50,00 Euro je Anteil.

→ *4.4.4.2*

22. Investmentanteile: Anlage in Investmentanteilen 2

Klaus-Peter Zahn möchte 20.000,00 Euro langfristig anlegen. Ihm sind die Sparzinsen zu niedrig. Er möchte höhere Erträge erzielen. Eine Aktienanlage ist ihm jedoch zu risikoreich.
Im Beratungsgespräch erfahren Sie außerdem, dass Herr Zahn monatlich 150,00 Euro für eine zusätzliche Altersvorsorge sparen möchte. An einer Lebensversicherung ist er nicht interessiert.

a) Stellen Sie Argumente für den Erwerb von Investmentanteilen zusammen.
b) Erarbeiten Sie einen begründeten Vorschlag für Herrn Zahn über eine Anlage in Investmentanteilen.
c) Zeigen Sie die Vorteile von Investment-Sparplänen auf.

→ *4.4.4*

23. Investmentanteile: Anlage in Investmentanteilen 3

Heinrich und Elfriede Sage möchten Vermögen für den Ruhestand aufbauen. Die Eheleute haben zwei bereits volljährige Kinder, ein mäßig belastetes Einfamilienhaus und ein regelmäßiges Nettohaushaltseinkommen von 2.200,00 Euro. Zum Beratungsgespräch hat Heinrich Sage die abgebildeten „Wesentlichen Anlegerinformationen“ mitgebracht:

Fondsporträt

DekaFonds CF
Aktienfonds Deutschland

Bei diesem Fondsporträt handelt es sich um Werbematerial und kein investmentrechtliches Pflichtdokument. Es dient lediglich der Information für den Anleger. [1]

WKN	847450
ISIN	DE0008474503
Stand	28.02.2021

[2]

Risiko- und Ertragsprofil [3]

Typischerweise geringere Rendite
Geringeres Risiko

Typischerweise höhere Rendite
Höheres Risiko

◀	1	2	3	4	5	**6**	7	▶

Ziele und Anlagepolitik

- Das Anlageziel dieses Investmentfonds ist mittel- bis langfristiger Kapitalzuwachs durch eine positive Entwicklung der Kurse der im Sondervermögen enthaltenen Vermögenswerte.
- Dem Fonds liegt ein aktiver Investmentansatz zugrunde. Mit diesem verfolgt das Fondsmanagement die Strategie, mindestens 61 % in Aktien von Unternehmen zu investieren. Bei den für das Sondervermögen erworbenen Aktien muss es sich weit überwiegend um Aktien von Unternehmen mit Sitz in Deutschland oder von Unternehmen, die in einem deutschen Aktienindex enthalten sind oder von Unternehmen, die nach dem Ausweis im letzten Geschäftsbericht ihre Umsatzerlöse oder Gewinne überwiegend in Deutschland erzielen, handeln. Daneben können Aktien von Unternehmen mit Sitz in einem anderen europäischen Land erworben werden. Der Investmentprozess erfolgt im Rahmen einer Gesamtunternehmenseinschätzung, wobei in erste Linie Bilanzdaten und betriebswirtschaftliche Kennzahlen wie z.B. Eigenkapitalquote und Nettoverschuldung sowie qualitative Bewertungskriterien wie z.B. die Qualität der Produkte und des Geschäftsmodells des Unternehmens analysiert werden. Ergänzend wird die Markt- und Branchenattraktivität auf Basis volkswirtschaftlicher Daten bewertet. Um den Erfolg des Wertpapierauswahlprozesses zu bewerten sowie die an die Wertentwicklung gebundenen Gebühren zu berechnen, wird der Index 100% HDAX Total Return in EUR® verwendet. Die initiale und kontinuierliche Wertpapierauswahl erfolgt im Rahmen des beschriebenen Investmentansatzes unabhängig von diesem Referenzwert und damit verbundenen quantitativen oder qualitativen Einschränkungen.
- Der Fonds legt mehr als 50 % des Aktivvermögens (Wert der Vermögensgegenstände ohne Berücksichtigung von Verbindlichkeiten) in Kapitalbeteiligungen i.S.d. § 2 Abs. 8 InvStG an.
- Weiterhin können Geschäfte in von einem Basiswert abgeleiteten Finanzinstrumenten (Derivate) getätigt werden.

Bitte beachten Sie die Erläuterung der Fußnoten ab Seite 4.

Seite 1 von 4

Fondsporträt

DekaFonds CF
Aktienfonds Deutschland

Bei diesem Fondsporträt handelt es sich um Werbematerial und kein investmentrechtliches Pflichtdokument. Es dient lediglich der Information für den Anleger. [1]

WKN 847450
ISIN DE0008474503
Stand 28.02.2021

Wertentwicklung (EUR)

Wertentwicklung: 29.02.2016 - 28.02.2021

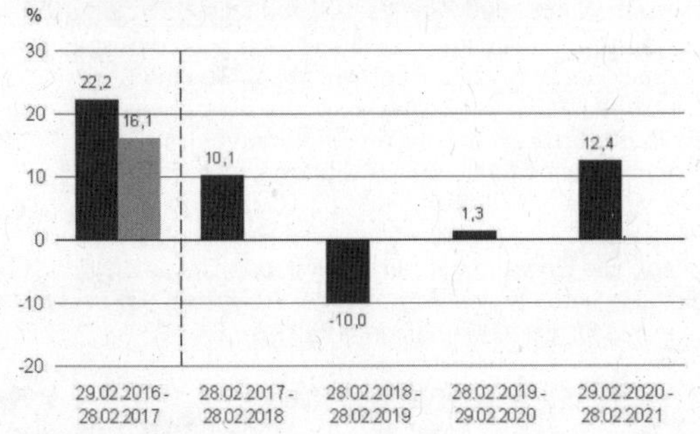

Bitte beachten Sie: Die frühere / angegebene Wertentwicklung ist kein verlässlicher Indikator für die künftige Wertentwicklung.
Quelle: DekaBank

Wertentwicklung (EUR) [4]

Wertentwicklung: 29.02.2016 - 28.02.2021

Bitte beachten Sie: Die frühere / angegebene Wertentwicklung ist kein verlässlicher Indikator für die künftige Wertentwicklung.
Quelle: DekaBank

Wertentwicklung (EUR) [4]

Wertentwicklung: 31.12.2016 - 28.02.2021

Fonds (in %)	Jan	Feb	Mrz	Apr	Mai	Jun	Jul	Aug	Sep	Okt	Nov	Dez	(lfd.) Jahr
2017	2,7	1,1	3,9	2,2	2,0	-1,8	-1,3	-0,7	5,9	3,6	-0,1	-1,4	16,8
2018	2,6	-4,7	-3,2	3,7	0,7	-3,4	4,0	-2,2	-1,2	-7,9	-2,6	-6,9	-19,8
2019	6,9	2,7	-0,1	7,6	-6,3	5,2	-0,8	-1,6	2,4	3,2	3,3	0,3	24,3
2020	-1,2	-9,5	-18,7	10,5	4,6	5,4	1,3	5,0	-3,2	-8,6	16,7	2,8	0,1
2021	-1,4	1,9											0,4

Bitte beachten Sie: Die frühere / angegebene Wertentwicklung ist kein verlässlicher Indikator für die künftige Wertentwicklung. Quelle: DekaBank

Risikobetrachtung (EUR) in der Vergangenheit

	Max. Gewinn (%) [6]	Max. Verlust (%) [6]	Volatilität (%) [7]	Sharpe Ratio [8]
Fonds (1 Jahr)	69,5	-33,8	32,6	0,38
Fonds (3 Jahre)	69,5	-41,3	22,1	0,06

Konditionen [9]

Ausgabeaufschlag	5,26 %
Verwaltungsvergütung[10]	1,250 % p.a.
Kostenpauschale[11]	0,18 % p.a.
Einführung erfolgsbezogene Vergütung[12]	01.05.2008
Erfolgsbezogene Vergütung ex post (01.19-12.19)	0,000 %
Laufende Kosten[13]	1,490 %

Fondspreise (in EUR)

Anteilspreis aktuell	113,23
T.I.S. (Taxable Income per Share)	-
52-Wochen-Hoch	116,22
52-Wochen-Tief	68,55
Fondsvermögen	5.031,2 Mio.

Aktuelle Fondspolitik

Das Fondsmanagement akzentuierte im Monatsverlauf das Engagement in den Bereichen Informationstechnologie und Nicht-Basiskonsumgüter. Auf Einzeltitelebene erhöhte sich u.a. die Gewichtung in Daimler. Unternehmensbeteiligungen in den Segmenten Gesundheitswesen und Versorger wurden hingegen zurückgeführt. Positive aktive Wertbeiträge lieferten insbesondere Unternehmen aus den Sektoren Immobilien und Finanzwesen. Der DekaFonds profitierte im Berichtsmonat u.a. von der Positionierung in Talanx. Negative Performancebeiträge resultierten u.a. aus der Kursentwicklung von Unternehmen aus den Bereichen Gesundheitswesen und Nicht-Basiskonsumgüter.

Bitte beachten Sie die Erläuterung der Fußnoten ab Seite 4.

Fondsporträt

DekaFonds CF
Aktienfonds Deutschland

Bei diesem Fondsporträt handelt es sich um Werbematerial und kein investmentrechtliches Pflichtdokument. Es dient lediglich der Information für den Anleger. [1]

WKN 847450
ISIN DE0008474503
Stand 28.02.2021

Marktentwicklung

Im Februar entwickelten sich die weltweit wichtigsten Aktienmärkte positiv. Neben der weiterhin lockeren Geldpolitik der Notenbanken, rückläufigen Corona-Neuinfektionen und einer guten Unternehmensberichtssaison verhalf die Hoffnung auf weitere Wirtschaftsstimuli der US-Regierung den Märkten zu Kurssteigerungen. Die Biden-Administration plant ein Maßnahmenpaket im Umfang von 1,9 Billionen US-Dollar, dem jedoch der Senat noch zustimmen muss. Gegen Monatsende gaben die Aktienmärkte einen Teil der zuvor erzielten Gewinne jedoch wieder ab. Auslöser hierfür waren steigende Kapitalmarktzinsen im Zuge über Erwartung liegender Inflationsdaten sowie Gewinnmitnahmen bei Wachstums-Werten. Aus Sicht von Euro-Investoren entwickelte sich der deutsche Leitindex DAX analog zu den internationalen Märkten (MSCI WORLD INDEX in Euro: +2,7 %). Zum Monatsende beliefen sich die Kursgewinne auf +2,6 %. Der ifo-Geschäftsklimaindex stieg unterdessen im Berichtsmonat von 90,3 (revidiert) auf 92,4 Punkte. Auf Unternehmensebene legte die Bayer AG Zahlen zum vierten Quartal vor. Die Erwartungen an Gewinn und Umsatz wurden leicht verfehlt. Dem gegenüber lag die Prognose für 2021 leicht über den Konsenszahlen der Analysten. Anleger müssen zudem voraussichtlich mit einer niedrigeren Dividende (2,00 Euro) für das Geschäftsjahr kalkulieren.

Top Werte (in %)

Wertpapier	Branche	Detail-Branche	Feb 2021
Siemens AG Namens-Aktien	Industrie	Industriekonglomerate	7,2
Linde PLC Reg.Shares	Roh-, Hilfs- & Betriebsstoffe	Chemikalien	7,1
SAP SE Inhaber-Aktien	IT	Software	5,5
Allianz SE vink.Namens-Aktien	Finanzen	Versicherungen	5,4
Airbus SE Aandelen op naam	Industrie	Luftfahrt & Verteidigung	4,1
Deutsche Telekom AG Namens-Aktien	Telekommunikationsdienste	Diverse Telekomdienste	4,1
Bayer AG Namens-Aktien	Gesundheitswesen	Pharmazeutika	4,0
Deutsche Post AG Namens-Aktien	Industrie	Luftfracht & Kuriere	3,8

Die größten Branchen (in %)

Februar 2021

Die größten Branchen (Vormonat, in %)

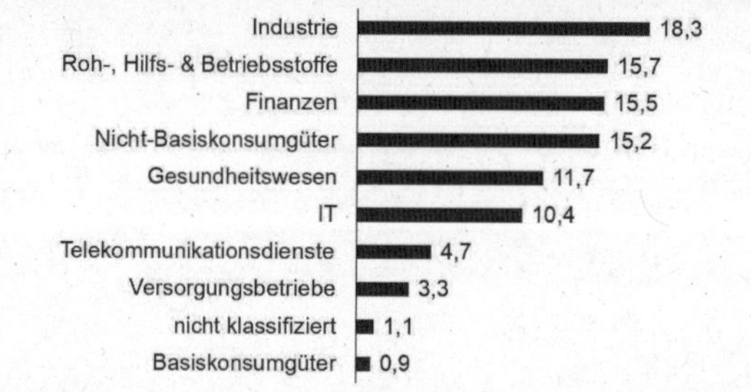

Januar 2021

Ratinginformationen

Scope Analysis [14]	(C)	Morningstar Rating [15]	★★★

Steuerliche Behandlung (je Anteil in EUR) [16]

Geschäftsjahr	2019	2020
Ertragstermin	21.02.20	19.02.21
Ertragsverwendung (A/T) [17]	A	A
Betrag [18]	0,620	0,380
Erforderlicher Sparerpauschbetrag	0,434	0,266
Abgeltungsteuer (Privatverm.) [19]	0,000	0,000

Stammdaten

Fondswährung	EUR
Auflegungsdatum	26.11.1956
Mindestanlagebetrag	25,00 EUR
VL-fähig	Ja
Sparplanfähig	ab 25,00 EUR

Bitte beachten Sie die Erläuterung der Fußnoten ab Seite 4.

Fondsporträt

DekaFonds CF
Aktienfonds Deutschland

Bei diesem Fondsporträt handelt es sich um Werbematerial und kein investmentrechtliches Pflichtdokument. Es dient lediglich der Information für den Anleger. [1]

WKN	847450
ISIN	DE0008474503
Stand	28.02.2021

1 Für diese Information verantwortlich ist die DekaBank Deutsche Girozentrale. Bei der auflegenden Gesellschaft handelt es sich um die Deka Investment GmbH.

2 Quelle: Capital-Heft 03/2021.

3 Die Darstellung bildet das Chance-/Risikoprofil des Fonds anhand des synthetischen Risiko-Ertragsindikators (SRRI) der Wesentlichen Anlegerinformationen des Fonds ab. Der Indikator erfasst nicht alle möglichen Risiken und sein Wert bezieht sich jeweils auf das Ende des Vormonats. Ergänzende Risiken und detaillierte Information zum SRRI sowie den aktuellen Wert des SRRI entnehmen Sie den Wesentlichen Anlegerinformationen, die Sie unter der ISIN des Fonds auf www.deka.de abrufen können.

4 Brutto-Wertentwicklung (BVI-Methode): Die auf Fondsebene anfallenden Kosten (z.B. die Verwaltungsvergütung) wurden berücksichtigt. Die auf Kundenebene anfallenden Kosten (Ausgabeaufschlag und Depotkosten) sind nicht berücksichtigt.

Bitte beachten Sie: Die frühere / angegebene Wertentwicklung ist kein verlässlicher Indikator für die künftige Wertentwicklung.

5 Netto-Wertentwicklung: Neben den auf Fondsebene anfallenden Kosten wurden zusätzlich die auf Kundenebene anfallenden Kosten berücksichtigt - Ausgabeaufschlag vom Ausgabepreis einmalig bei Kauf: 5,00 % (= 50,00 Euro bei einem beispielhaften Anlagebetrag von 1.000 Euro). Zusätzlich können Depotkosten anfallen, die die Wertentwicklung mindern. (Bitte vergleichen Sie hierzu das Preisverzeichnis Ihrer depotführenden Stelle.)

Bitte beachten Sie: Die frühere / angegebene Wertentwicklung ist kein verlässlicher Indikator für die künftige Wertentwicklung.

6 Maximaler Gewinn/Verlust in Prozent auf Basis von währungsbereinigten Tagesperformancedaten über den angegebenen Zeitraum.

7 Volatilität in % wird auf Basis von Wochen- (bis 3 Jahre) bzw. Monatsdaten (ab 3 Jahre) berechnet.

8 Der risikofreie Zins orientiert sich an dem Zinssatz für 1-Monatsgeld. Ein negatives Sharpe Ratio hat keine Aussagekraft.

9 **Diese Kostendarstellung erfüllt nicht die Anforderungen an einen aufsichtsrechtlich vorgeschriebenen Kostenausweis, den Sie rechtzeitig vor Auftragsausführung erhalten werden. Bei Fragen zu den Kosten wenden Sie sich bitte an Ihren Kundenberater / Ihre Kundenberaterin.**

10 Die Verwaltungsvergütung kann bei in Deutschland aufgelegten Fonds eine Vertriebsprovision beinhalten. Details ergeben sich aus dem Verkaufsprospekt.

11 Die Pauschale umfasst die Verwahrstellengebühr und sonstige Kosten und Gebühren, die dem Verkaufsprospekt entnommen werden können.

12 Einführung erfolgsbezogene Vergütung: 01.05.2008. Die Berechnungsmethodik lautet: 25 % der über 100% HDAX Total Return Index in EUR® liegenden Wertentwicklung, sofern die Wertentwicklung des Fonds die des Index auch unter Berücksichtigung der bis zu fünf vorausgegangenen Geschäftsjahre (frühestens ab dem 01.07.2013) übertrifft. Die Bezeichnung HDAX Total Return Index in EUR® ist eine eingetragene Marke der Deutsche Börse AG ("der Lizenzgeber"). Die auf dem Index basierenden Finanzinstrumente werden vom Lizenzgeber nicht gesponsert, gefördert, verkauft oder auf eine andere Art und Weise unterstützt. Die Berechnung des Index stellt keine Empfehlung des Lizenzgebers zur Kapitalanlage dar oder beinhaltet in irgendeiner Weise eine Zusicherung des Lizenzgebers hinsichtlich einer Attraktivität einer Investition in entsprechende Produkte.

13 Die hier angegebenen laufenden Kosten fielen im Geschäftsjahr des Fonds an, das im Dezember 2019 endete. Sie können von Jahr zu Jahr schwanken und enthalten weder Kosten für den An- und Verkauf von Wertpapieren (Transaktionskosten) noch ggf. anfallende, an die Wertentwicklung des Fonds gebundene Gebühren. Sie beinhalten jedoch alle Kosten, die bei der Anlage in andere Fonds anfallen, sofern diese einen wesentlichen Anteil am Fondsvermögen ausmachen.

14 Rating vom 31.01.2021; nähere Informationen unter https://www.scopeexplorer.com

15 Rating vom 28.02.2021; nähere Informationen unter www.morningstar.de

16 **Aussagen gemäß aktueller Rechtslage, Stand: 28.02.2021. Die steuerliche Behandlung der Anlage hängt von den persönlichen Verhältnissen des jeweiligen Kunden ab und kann künftig auch rückwirkenden Änderungen (z.B. durch Gesetzesänderung oder geänderte Auslegung durch die Finanzverwaltung) unterworfen sein.**

17 Ertragsverwendung ("T" für thesaurierend bzw. "A" für ausschüttend); ein grundsätzlich ausschüttender Fonds kann im Einzelfall Erträge auch thesaurieren.

18 **Bitte beachten Sie: Die frühere Ausschüttung ist kein verlässlicher Indikator für die künftige Ausschüttung.**

19 Beinhaltet 25% Abgeltungsteuer/KESt zzgl. 5,5% Solidaritätszuschlag exclusive Kirchensteuer.

Diese Angaben wurden mit Sorgfalt zusammengestellt. Für die Richtigkeit kann jedoch keine Gewähr übernommen werden. Teilweise werden aktuelle Angaben über den Fonds gemacht, die sich im Zeitverlauf ändern. Die Angaben beziehen sich auf den im Dokument angegebenen Zeitraum.

Die enthaltenen Meinungsaussagen geben unsere aktuelle Einschätzung zum Zeitpunkt der Erstellung wieder, die sich jederzeit ohne vorherige Ankündigung ändern kann.

Die Darstellung von Beständen/Positionen in diesem Dokument (z.B. Top Werte, größte Währungen), die nicht explizit als „nach Investitionsgrad" ausgewiesen sind, berücksichtigen nicht die Wirkung von Derivaten/Absicherungsgeschäften. Das Risiko des Fonds im Hinblick auf diese Bestände/Positionen kann dementsprechend abweichen.

Diese Information kann ein Beratungsgespräch nicht ersetzen. Allein verbindliche Grundlage für den Erwerb von Deka Investmentfonds sind die jeweiligen wesentlichen Anlegerinformationen, die jeweiligen Verkaufsprospekte und die jeweiligen Berichte, die Sie in deutscher Sprache bei Ihrer Sparkasse oder Landesbank oder von der DekaBank Deutsche Girozentrale, 60625 Frankfurt und unter www.deka.de erhalten.

Deka Investments

DekaBank
Deutsche Girozentrale
Mainzer Landstraße 16
60325 Frankfurt

Deka Investment GmbH
Mainzer Landstraße 16
60325 Frankfurt am Main
Postfach 11 05 23
60040 Frankfurt

Finanzgruppe

a) Wie sollte der Vermögensaufbau für den Ruhestand erfolgen?
b) Warum raten Sie Herrn Sage eher von einem Sparplan mit dem von ihm vorgelegten Fonds ab?
c) Am Ende des Gesprächs informieren Sie die Kunden über die aktuellen Konditionen eines Rentenfonds. Der Ausdruck aus Ihrem Kursinformationssystem zeigt:

Geschäftsjahr	1. Januar – 31. Dezember
Fondswährung	Euro
Ertragsbehandlung	Thesaurierung
Ausgabepreis	48,12 Euro
Rücknahmepreis	46,49 Euro
Zwischengewinn	0,18 Euro
Ausgabeaufschlag (in %)	3,5 %
Gesamtkostenquote (TER)	0,81 %

Erläutern Sie den Kunden die Begriffe:
- Thesaurierung
- Ausgabe- und Rücknahmepreis
- Ausgabeaufschlag
- Gesamtkostenquote

→ *4.4.4.2 und 4.4.4.4*

24. Investmentanteile: Anlageberatung 1

Ein Kunde benötigt 8.000,00 Euro und will Investmentzertifikate verkaufen.
Er besitzt
1.000 Aktienfondsanteile (Rücknahmepreis 85,00 Euro je Anteil),
2.000 Rentenfondsanteile (Rücknahmepreis 122,00 Euro je Anteil),
2.000 Immobilienfonds-Anteile (Rücknahmepreis 54,00 Euro je Anteil),
1.000 Anteile an einem thesaurierenden gemischten Fonds (Rücknahmepreis 103,00 Euro je Anteil).
Die Aktienkurse zeigen steigende Tendenz. Das Zinsniveau sinkt.

Beraten Sie Ihren Kunden, welche Anteile er am ehesten verkaufen soll.
Begründen Sie Ihre Aussagen.

→ *4.4.4*

25. Investmentanteile: Anlageberatung 2

Ein Kunde möchte monatlich 200,00 Euro für die Altersvorsorge zurücklegen. Er ist 32 Jahre alt, ledig, und hat bisher noch keine private Altersvorsorge getroffen. Er plant, sich bereits mit 55 Jahren aus dem Arbeitsleben zurückzuziehen und dann von seinen Ersparnissen zu leben. Er hat gehört, dass Investmentfonds langfristig gute Perspektiven bieten.

Welche Vorschläge unterbreiten Sie Ihrem Kunden? Stellen Sie dabei auch Unterschiede und Gemeinsamkeiten zur Lebensversicherung als Altersvorsorge heraus.

→ *4.4.4*

26. Investmentanteile: Preisermittlung von Investmentanteilen

Ermitteln Sie den Ausgabe- und den Rücknahmepreis für folgenden Aktienfonds:

Wertpapiervermögen:	3.523.855,33 Euro
Bankguthaben:	228.179,46 Euro
sonstiges Vermögen:	97.058,13 Euro
Verbindlichkeiten:	82.594,06 Euro
Anzahl der ausgegebenen Anteile:	72.655

Der Ausgabeaufschlag beträgt 5,25 %.

→ 4.4.4.3

27. Genussscheine: Anlage in Genussscheinen

Erik Werner hat von seinem Vater ein Wertpapierdepot mit überwiegend festverzinslichen Wertpapieren geerbt. Der Depotbestand weist auch einen Posten Genussscheine der Grund- und Bodenbank AG aus. Da der Kurs des Genussscheins innerhalb kurzer Zeit massiv eingebrochen ist, bittet Erik Werner in einem Beratungsgespräch um Aufklärung.
Bei der Recherche in Ihrem Börseninformationssystem finden Sie folgende Nachricht:

„Die Bundesanstalt für Finanzdienstleistungsaufsicht (BaFin) sieht im Fall der Grund- und Bodenbank AG keinen Anlass zu verstärkten Sonderprüfungen in der Branche. Die Probleme bei dem Berliner Immobilienfinanzierer seien als Einzelfall einzustufen. Die Bank hatte nach einer außerordentlichen Aufsichtsratssitzung mitgeteilt, die Risikovorsorge nach der abgeschlossenen Prüfung der Aufsichtsbehörde BaFin um 180 Millionen Euro aufstocken zu müssen. Gleichzeitig war der Vorstandschef zurückgetreten. Die Maßnahme stehe im Zusammenhang mit Altlasten aus Immobilienkrediten der ehemaligen Baukreditbank AG.
Aus diesem Grund rechnet die Bank jetzt im Gesamtjahr mit einem Verlust von rund 100 Millionen Euro. Bisher hatte die Grund- und Bodenbank einen Überschuss in etwa dieser Größenordnung angepeilt. Die Marktkapitalisierung der im MDAX notierten Bank war am Montag innerhalb weniger Minuten von mehr als einer Milliarde Euro um rund 300 Millionen Euro eingebrochen."

a) Erläutern Sie Erik Werner die Besonderheiten von Genussscheinen.
b) Stellen Sie den Zusammenhang zwischen der Kursentwicklung und der Nachrichtenlage her.

→ 4.4.5

28. Anlageberatung: Indexzertifikate

Greta Keller möchte in europäische Aktien investieren, ohne sich über die Auswahl von Einzeltiteln Gedanken machen zu müssen.
Sie empfehlen ihr ein Indexzertifikat auf den Dow-Jones EURO STOXX 50 (Preisindex) mit dreijähriger Laufzeit. Das Zertifikat wurde von Ihrem Kreditinstitut ausgegeben und ist in den Börsenhandel eingeführt. Der Wert eines Zertifikats entspricht 1/100 des Indexstands.

a) Erläutern Sie die Konstruktion eines Indexzertifikats.
b) Für welchen Anlagestil entscheidet sich die Kundin, wenn sie ein Indexzertifikat kauft?
c) Nennen Sie die drei Funktionen von Kapitalmarktindizes.
d) Das Indexzertifikat wird börsenmäßig an der Frankfurter Zertifikatebörse und an der EUWAX der Börse Stuttgart gehandelt. Erklären Sie der Kundin diese Börsensegmente.
e) Als Alternative zum Börsenhandel weisen Sie die Kundin auf die Möglichkeiten des Direkthandels über einen zu ihrer Institutsgruppe gehörenden Online- bzw. Discountbroker hin. Erläutern Sie die Funktionsweise des Direkthandels und stellen Sie den Unterschied zum börsenmäßigen Handel dar.

→ 4.4.6

29. Anlageberatung: Aktienanleihe

Ihr Kreditinstitut bietet eine Aktienanleihe im Volumen von 5 Mio. Euro zu folgenden Bedingungen an:

14 % Aktienanleihe auf Kamp AG
aktueller Aktienkurs Kamp AG: 35,70 Euro
Verkaufskurs: 100 % – WKN 123456
Erhaltene Prämie: 5,00 Euro je Aktie

Bei Fälligkeit in einem Jahr wird die Anleihe zum Nominalwert zurückgezahlt. Notiert die Aktie der Kamp AG jedoch unter 31,25 Euro, werden stattdessen 160 Aktien je 5.000,00 Euro Nominalbetrag geliefert. Die Verzinsung von 14 % wird immer gezahlt.

Erläutern Sie Chancen und Risiken dieser Anlagemöglichkeit aus Kundensicht.

→ 4.4.6

30. Anlageberatung: Discountzertifikate

In einer Verkaufsanzeige wird für ein Discountzertifikat geworben:

Basisaktie:	Solitär AG
Bezugsverhältnis:	1:1
Emittent:	Kurz & Peters Wertpapierhandels GmbH
Cap:	160,00 Euro
Laufzeit:	2 Jahre
Preis:	107,70 Euro

Am Tag des Erscheinens der Anzeige beträgt der Kurs der Solitär Aktie 132,80 Euro.
Ihr Kunde kommt mit der Verkaufsanzeige zu einem Beratungsgespräch. Im Gesprächsverlauf sind verschiedene Fragen zu klären.

a) Erklären Sie dem Kunden die Eigenschaften des angebotenen Wertpapiers.
b) Für welche Börsenphasen eignen sich Discountzertifikate?
c) Wie hoch ist der Preisnachlass (Discount) in Euro bzw. in %?
d) Nennen Sie zwei Einflussfaktoren auf die Höhe des Discounts.
e) Erklären Sie dem Kunden die Risiken der Anlageform, indem Sie nachfolgende Tabelle als Szenariorechnung mit dem Kunden besprechen.

	Szenario 1	Szenario 2	Szenario 3	Szenario 4
Aktienkurs bei Fälligkeit des Zertifikats	107,70 Euro	125,00 Euro	160,00 Euro	210,00 Euro
Wert des Zertifikats				
Gewinn oder Verlust aus einer Direktanlage in %				
Gewinn oder Verlust aus dem Zertifikat in %				

→ 4.4.6

31. Anlageberatung: Aktienanleihe und Discountzertifikat

Der vermögende Privatkunde Peter Riehm (Anleihebestand im Depot 500.000,00 Euro, Aktienbestand 1.500.000,00 Euro) äußert den Wunsch, neue Produkte des Kapitalmarkts zu testen. Dabei interessieren ihn Aktienanleihen und Discountzertifikate ganz besonders. Erläutern Sie ihm die Konstruktion dieser Anlageprodukte. Welches der beiden Produkte würden Sie ihm vorrangig empfehlen?

→ *4.4.6*

32. Wertpapierhandel: Börsensegmente

Im Internetforum wurde Ihr Kunde Aslan Günay auf eine Neuemission der Solar International AG aufmerksam. Dort wird die Notierungsaufnahme der Aktie im Freiverkehr der Frankfurter Wertpapierbörse angekündigt. Bisher hat Herr Günay vor allem Aktiengeschäfte in DAX-Werten getätigt.

a) Aslan Günay möchte wissen, ob die Notierung im Freiverkehr für ihn als Anleger ungünstig ist, da es sich doch dabei um einen „Wildwestmarkt" handele. Grenzen Sie den Freiverkehr von den übrigen Börsensegmenten ab.
b) Herr Günay möchte sich näher über das Unternehmen informieren, um eine Entscheidung über den Kauf der Aktie treffen zu können. Empfehlen Sie ihm eine Informationsquelle, bei der er auf die Richtigkeit der gemachten Angaben vertrauen kann.

→ *4.4.7.1.3*

33. Wertpapierhandel: Faktoren der Kursbildung 1

In einer Pressemitteilung der Gruppe DeubAG heißt es u. a.:

> *„Die DeubAG wird auch dieses Geschäftsjahr mit einem Rekordergebnis abschließen. Laut vorläufiger Zahlen, die das Unternehmen am Donnerstag vorgelegt hat, stieg der Umsatz um 29 Prozent von 1,17 Mrd. Euro auf 1,51 Mrd. Euro. Der Gewinn je Aktie stieg von 2,18 Euro auf 2,20 Euro. Der Finanzvorstand der DeubAG Matthias Bosch sagte: ‚Das Geschäftsjahr war erneut sehr erfolgreich: Wir haben Wachstumsinitiativen in Osteuropa eingeleitet sowie mit der erfolgreich abgeschlossenen Integration von Swisspoint die Wertschöpfungskette komplettiert und trotzdem ein Rekordergebnis erzielt.' Laut Bosch will der Vorstand der DeubAG dem Aufsichtsrat vorschlagen, die Dividende pro Aktie erneut zu erhöhen und zwar um 25 Prozent auf 0,55 Euro."*

a) Nennen Sie fünf Faktoren, die den Preis von Wertpapieren beeinflussen.
b) Berechnen Sie auf Basis eines Aktienkurses von 43,00 Euro
   - die Dividendenrendite und
   - das KGV.
c) Erläutern Sie die berechneten Werte.

→ *4.4.7.2.4*

34. Wertpapierhandel: Faktoren der Kursbildung 2

Ein Kunde bittet um Erläuterungen zu einem mitgebrachten Ausschnitt aus dem Kursteil einer Tageszeitung:

a) Wie zuverlässig sind die Kursangaben?
b) Welche Entscheidungshilfen können 52-Wochen-Hoch/Tief, Umsatz, Dividende, Dividendenrendite und KGV dem Kunden bieten?

→ *4.4.7.2.4*

35. Wertpapierhandel: Faktoren der Kursbildung 3

Im Rahmen einer Fundmentalanalyse untersuchen Sie das KGV und die Dividendenrendite zweier Einzeltitel. Dabei ermitteln Sie die folgenden Daten:

Aktie	Kurs (Euro)	Gewinn je Aktie	Dividende (Euro)
A	24	1,76	0,90
B	130	7,40	6,00

a) Berechnen Sie KGV und Dividendenrendite.

b) Für welchen Wert würden Sie sich jeweils bei einzelner Betrachtung der Kennzahl entscheiden?

c) Welche Voraussetzung muss für einen sinnvollen Vergleich des KGV erfüllt sein?

d) Vergleichen Sie die Fundamentalanalyse mit der technischen Analyse hinsichtlich der Datenbasis, der Grundannahme und der daraus folgenden Analyseziele.

→ ***4.4.3.5 und 4.4.7.2.4***

36. Anlageberatung: Vorgaben des Wertpapierhandelsgesetzes 1

Lennart Braun, ein Ihnen bisher unbekannter Kunde, möchte bei Ihrem Kreditinstitut ein Depot eröffnen und 15.000,00 Euro anlegen. Der Kunde gibt an, aus beruflichen Gründen in Ihre Stadt gezogen zu sein. Sein Freund hat ihm die Empfehlung gegeben, Aktien zu kaufen, weil sich damit überdurchschnittliche Erträge erzielen lassen. Er möchte von Ihnen ausführlich beraten werden.

a) Nach den Vorgaben des Wertpapierhandelsgesetzes muss eine anlegergerechte Beratung erfolgen. Erläutern Sie die Bedeutung der anlegergerechten Beratung für Ihre Bank.

b) Der Kunde hat einen Auszug seines bei einer anderen Bank bestehenden Depots mitgebracht.

	Stück/Nominalwert	Kurs	Gesamtwert in Euro
Adig-Europa Bond	500	40,78 Euro	20.390,00 Euro
2,5 % Bundesanleihe 2003/2033	15.000,00	109,50 %	16.425,00 Euro
Deka Geldmarkt Euro TF (Trading Fonds)	600	52,00 Euro	31.200,00 Euro

Beschreiben Sie das bisherige Anlageverhalten des Kunden und stellen Sie dieses dem aktuellen Interesse gegenüber.

c) Nach Aufnahme der persönlichen Daten beraten Sie den Kunden objektgerecht. Erläutern Sie die Funktionen der objektgerechten Beratung nach dem Wertpapierhandelsgesetz und nennen Sie speziell für Aktien vier Aspekte, die Sie im Beratungsgespräch mit dem Kunden erläutern.

d) Nach dem ausführlichen Beratungsgespräch eröffnet der Kunde ein Depot bei Ihrem Kreditinstitut und investiert 10.000,00 Euro in Aktien von Standardwerten und 5.000,00 Euro in Technologieaktien. Begründen Sie, warum es sinnvoll ist, eine Dokumentation zur Geeignetheit anzufertigen.

e) Prüfen Sie, ob Sie dem Kunden Zusatzangebote machen können.

→ ***4.4.8.1***

37. Anlageberatung: Vorgaben des Wertpapierhandelsgesetzes 2

Herr Leinemann wurde von Ihrem Institut als Privatkunde eingestuft. Über einen Aktienkaufauftrag erhält er eine Abrechnung. Er wendet sich mit verschiedenen Fragen an Sie und bittet um Aufklärung.

Depotnummer	2345890
Kundennummer	5560
	Hans Leinemann
Auftragsnummer	7890
Datum	07.06.2021
Rechnungsnummer	W9999-0/21
USt-IdNr.	DEI123456789

Herrn
Hans Leinemann
Testtorfstraße 1
45121 Testmannshöhe

Wertpapier Abrechnung Kauf
Auftrag vom 07.06.2021

Nominale	**Wertpapierbezeichnung**	**ISIN**	**(WKN)**
Stück 1.000	DEUTSCHE INTERKOM AG NAMENS-AKTIEN O.N.	DE0005567508	(555750)

Börse	XETRA	Auftraggeber	Hans Leinemann
Stoplimit	13,00	Auftragserteilung	persönlich
Limit	13,60		
Schlusstag	07.06.2021		
Handelszeit	12:34:54		
Ausführungskurs	13,58		

Girosammelverwahrung
Sammelurkunde in Namensaktien

Kurswert	13.580,00 - Euro
Provision	18,95 - Euro
Fremde Auslagen	0,39 - Euro
Fremde Spesen	0,43 - Euro
Abwicklungskosten Börse	0,07 - Euro
Übertragungs-/Liefergebühr	0,70 - Euro
Abwicklungsgebühr für die Umschreibung von Namensaktien	0,58 - Euro
Xetra Transaktionsentgelt	0,76 - Euro
ausmachender Betrag	13.601,88 - Euro

Den Gegenwert buchen wir mit Valuta 09.06.2021 zulasten Ihres Kontos. Die Wertpapiere schreiben wir Ihrem Depotkonto gut.

Sofern keine Umsatzsteuer ausgewiesen ist, handelt es sich um eine umsatzsteuerbefreite Finanzdienstleistung.

Gegenpartei bei diesem Geschäft war Kontrahent Deutsche Bank.

Hiermit weisen wir Sie darauf hin, dass aufgrund fehlender Angaben zu den Kenntnissen und Erfahrungen die Angemessenheit des Anlagewunsches nicht beurteilt werden kann.

a) Erklären Sie, warum Entgelte für die Umschreibung von Namensaktien erhoben wurden.
b) Geben Sie Auskunft über die Art der preislichen Limitierung des Auftrags.
c) Erklären Sie den Hinweis auf die fehlende Möglichkeit zur Prüfung der Angemessenheit am Schluss der Abrechnung.

→ 4.4.8.1.3

38. Anlageberatung: Vorgaben des Wertpapierhandelsgesetzes 3

Hans Kustermann hat Ihnen einen Auftrag zur Zeichnung von Anleihen erteilt und erhält nachfolgende Bestätigung.

Depotnummer	6789990
Kundennummer	78901
	Hans Kustermann
Auftragsnummer	1234567890
Datum	07.06.2021

Herrn
Hans Kustermann
Testtorfstraße 1
45121 Testmannshöhe

Wertpapier Auftragsbestätigung Kauf Zeichnung Emission
Auftrag vom 07.06.2021

Nominale	Wertpapierbezeichnung	ISIN	(WKN)
Euro 10.000,00	NORDRHEIN-WESTFALEN, LAND FLR-LSA V. 21(23)	DE000NRW0602	(NRW060)

Börse	Außerbörslich	Zinstermin	07DEZ
Limit	zu Emissionsbedingungen	Fällig am	07.06.2023
Gültigkeit	30.06.2021	Auftraggeber	Hans Kustermann
		Auftragserteilung	persönlich

Girosammelverwahrung. Mehrere Sammelurkunden – kein Stückeausdruck –

Wir haben den Auftrag wie vorstehend angegeben in Vormerkung genommen. Zum Zeitpunkt der Erstellung dieser Bestätigung war die Order noch nicht ausgeführt.

Auf Risiken gemäß WpHG wurde hingewiesen.

Es handelt sich um ein Geschäft ohne Anlageempfehlung.

Hiermit weisen wir Sie darauf hin, dass Ihr Anlagewunsch gemäß Ihren bisherigen Kenntnissen und Erfahrungen für Sie nicht angemessen ist.

Erklären Sie die Bedeutung der Textstellen am Ende der Bestätigung.

→ 4.4.8.1.3

39. Anlageberatung: Einholung von Kundenangaben

Peter Kern eröffnet bei Ihnen ein Wertpapierdepot, um Aktien und Schuldverschreibungen zu erwerben.

a) Welche Kundeninformationen müssen Sie von Peter Kern als Depotinhaber einholen?
b) Im Laufe des Beratungsgesprächs erteilt Peter Kern seiner langjährigen Freundin Heidi Müller Depotvollmacht. Welche Prüfungspflichten ergeben sich für Sie, wenn die Depotbevollmächtigte erstmals einen Auftrag für den Kauf von Finanzinstrumenten erteilen möchte?
c) Erläutern Sie, was unter einem beratungsfreien Geschäft zu verstehen ist.
d) Erläutern Sie die Geschäftsart „reines Ausführungsgeschäft" (Execution-only-Auftrag).

→ 4.4.8.1.2

40. Anlageberatung: Umsetzung des Wertpapierhandelsgesetzes

Marita Werdermann trifft sich mit Ihnen zu einem ausführlichen Beratungsgespräch. Sie ist 28 Jahre alt, alleinstehend und hat nach ihrem Studium eine Tätigkeit in der Entwicklungsabteilung einer Softwarefirma aufgenommen. Sie unterhält erst seit drei Monaten eine Kontoverbindung zu Ihrem Institut. Das Girokonto weist zurzeit einen Guthabensaldo von 4.000,00 Euro aus.

Marita Werdermann interessiert sich für einen langfristigen Vermögensaufbau und möchte regelmäßig 250,00 Euro monatlich in Wertpapiere investieren. Erfahrungen mit Wertpapieren hat sie bisher noch nicht gesammelt. Sie stellen Marita Werdermann eine auf Investmentfonds basierende Vermögensanlage Ihrer Kreditinstitutsgruppe mit fünf verschiedenen Depotvarianten vor.

Depotvariante Chance

Die Depotvariante wird über die Aktienfondsquote (bis zu 100 Prozent) gesteuert und ist breit diversifiziert.
Um insbesondere Chancen in den Anlageregionen Asien und Osteuropa zu nutzen, werden derzeit Fonds aus diesen Wachstumsregionen verstärkt beigemischt.

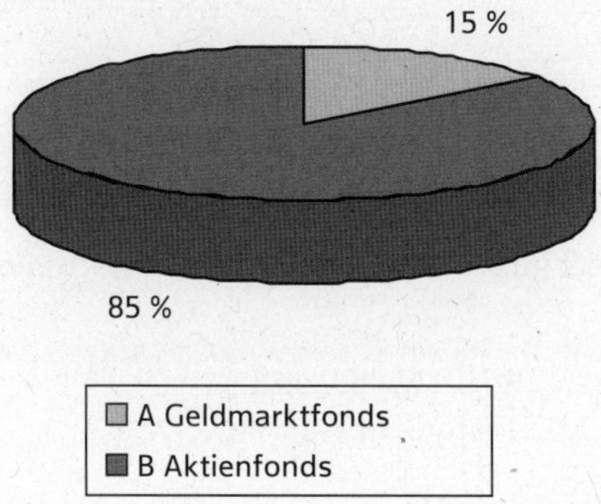

Depotvariante ChancePlus

Spekulativere Ausrichtung durch dauerhafte 100-prozentige Aktienfondsquote. Davon entfallen derzeit 50 Prozent auf die Hauptmärkte USA, Europa, Japan; 20 Prozent auf Emerging Markets wie Osteuropa, Russland und Indien. Ein Drittel wird in Branchenfonds investiert, der Schwerpunkt liegt auf konjunktursensiblen Branchen wie zum Beispiel den Basis-Industrien.

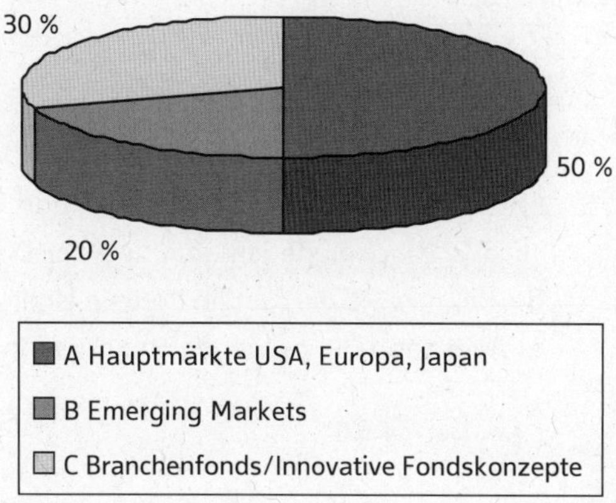

Depotvariante Ertrag

Abgesicherte Rendite durch die Kombination von Fonds unterschiedlicher Anlageklassen mit regelmäßigen Erträgen. Vor dem Hintergrund der Erwartung eines konjunkturellen Aufwärtstrends und kurz- bis mittelfristig steigender Zinsen in den USA und Europa werden derzeit Hochzinsanleihen stärker gewichtet als lang laufende klassische Staatsanleihen.

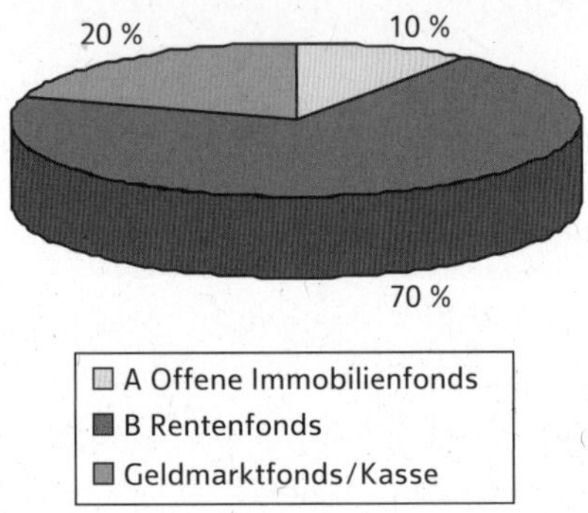

Depotvariante ErtragPlus

Höhere Renditechancen bei moderatem Risiko durch die Beimischung von Aktienfonds (maximal 25 Prozent) mit Anlageschwerpunkt auf Standardwerten in den USA, Europa und Japan. Die Aktienfondsquote ist derzeit in die drei Anlageregionen Europa, USA und Japan breit diversifiziert.

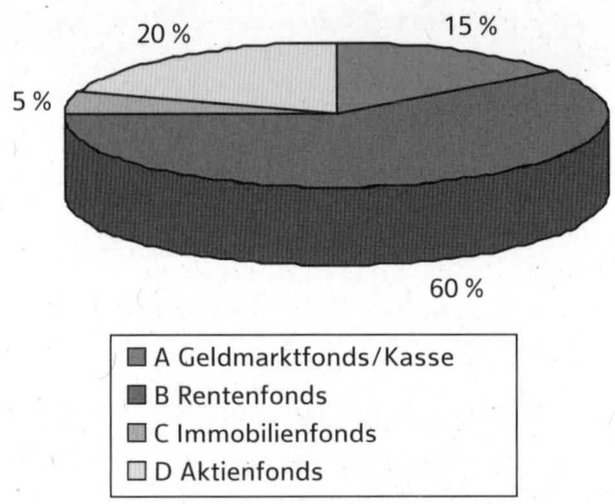

Depotvariante Wachstum

Mehr Dynamik bei mittlerem Risiko durch höhere Gewichtung von Aktienfonds (maximal 50 Prozent). Derzeit sind die USA gegenüber Europa untergewichtet. Mit der EU-Erweiterung verbundene Chancen in Osteuropa werden durch Engagements in weltweit investierende Emerging-Market-Fonds genutzt.

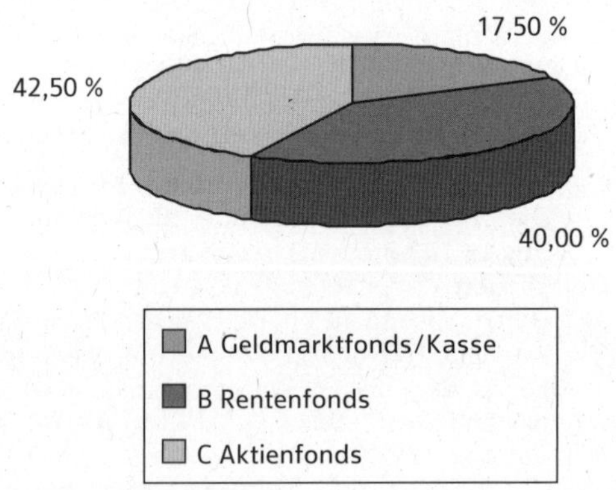

a) Welche Pflichten erlegt Ihnen als Berater das Wertpapierhandelsgesetz (WpHG) auf?
b) Erläutern Sie, wie die Pflichten des WpHG in der Praxis erfüllt werden können.
c) Erklären Sie die Grundkonstruktion von Investmentfonds. Erläutern Sie dabei auch die Aufgaben des Fondsmanagements und der Depotbank.
d) Nennen Sie der Kundin Vorteile einer Anlage in Investmentfonds im Vergleich zu einer Direktanlage.
e) Wie kann die passende Depotvariante für die Kundin festgelegt werden?

→ *4.4.4, 4.4.8.1*

41. Anlageberatung: Auswahl von Anlageprodukten

Wählen Sie für nachfolgende Beratungssituationen jeweils passende Anlageprodukte aus.

a) Ein Kontokorrentkunde, 42 Jahre alt, möchte 6.000,00 Euro langfristig und zinsgünstig anlegen. Der Betrag stammt aus einem fälligen Bonus-Sparvertrag. Der Kunde besitzt bereits Sparbriefe.
b) Eine Auszubildende, 1. Ausbildungsjahr, 20 Jahre alt, möchte 5.000,00 Euro, ein Geschenk ihrer Großmutter, möglichst hochverzinslich als Reserve zur Finanzierung eines späteren Studiums anlegen.

c) Ein Sparkunde, Sparkonto mit vereinbarter Kündigungsfrist von drei Monaten, Kontoguthaben von 19.400,00 Euro sucht eine höher verzinsliche, aber möglichst liquide Anlage. Er will das Geld in etwa drei bis vier Jahren für ein neues Kraftfahrzeug ausgeben.

d) Eine Kundin, Giro- und Depotkonto, Kontoguthaben zurzeit 25.000,00 Euro, davon 20.000,00 Euro Eingang aus einer fälligen Lebensversicherung, Alter 58 Jahre, plant mit 63 aus dem aktiven Arbeitsleben auszuscheiden. Sie möchte dann eine große Weltreise machen. Sie sucht eine gutverzinsliche, steueroptimierende Geldanlage. Ihr Depot enthält folgende Werte:
10.000,00 Euro 2 % Bundesanleihe,
15.000,00 Euro Bankschuldverschreibungen mit Zinssätzen zwischen 1 und 3 %.

→ 4.4

42. Anlageberatung: Aktienkauf 1

Katrin Bender nimmt bei Ihnen einen Beratungstermin wahr. Sie ist bereits in der Risikoklasse für Aktien eingestuft und möchte heute 100 Stück Aktien der Deutschen Bank AG kaufen. Der Schlusskurs am Vortag betrug 38,25 Euro.

a) Aus dem Wirtschaftsteil ihrer Tageszeitung hat die Kundin einen Ausschnitt mitgebracht. Sie fragt nach der Bedeutung der Buchstaben hinter den Aktienkursen. Erläutern Sie die Bezeichnungen „ex Div." und „ex BR".

b) Nennen Sie sechs wichtige Angaben, die der Börsenauftrag der Kundin enthalten muss, und empfehlen Sie eine Börse für die Ausführung der Kauforder. Berücksichtigen Sie dabei die Ordergebühren und begründen Sie die Empfehlung in kurzen Sätzen.

c) Erläutern Sie, wie die Aktien verwahrt werden können und welche Aufgaben Sie als Kreditinstitut dabei übernehmen.

d) Einem Börsenbericht hat die Kundin entnommen, dass der DAX um 64 Punkte gestiegen ist. Erläutern Sie die Bedeutung des DAX.

Gebühren im Effektengeschäft (Auszug):

Parketthandel:	
Aktien vom Kurswert	1 % (mind. 25,50 Euro)
Maklergebühr	0,04 % (max. 8,00 Euro)
Auslagen	2,85 Euro
Handel über Xetra:	
Aktien vom Kurswert	1 % (mind. 25,50 Euro)
Transaktionskosten	0,0812 % (mind. 1,75 Euro, max. 20,30 Euro)
Auslagen	2,05 Euro

→ 4.4.8.2.2, 4.4.7.2.2 und 4.4.7.2.4

43. Anlageberatung: Aktienkauf 2

Ein Kunde Ihres Kreditinstituts spielt mit dem Gedanken, Aktien zu erwerben.

a) Informieren Sie den Kunden, welche Risiken eine Anlage in Aktien birgt.
b) Untersuchen Sie, wie die genannten Risiken die Kursentwicklung einer Aktie beeinflussen.
c) Welche Gründe gibt es, trotz der aufgezeigten Risiken Aktien zu erwerben?

→ *4.4.3.3 und 4.4.3.5*

44. Anlageberatung: Berichtigungsaktien

Der Vorstand einer Aktiengesellschaft lässt sich auf der Hauptversammlung genehmigtes Kapital bewilligen.

a) Welche Gründe kann das Unternehmen haben?
b) Welche Vorteile bietet die Schaffung genehmigten Kapitals?
c) Welche anderen Möglichkeiten der Kapitalerhöhung stehen der AG zur Verfügung?

→ *4.4.3.4*

45. Wertpapierdienstleistungen: Wertpapierorder 1

Marek und Jana Kollbach unterhalten gemeinschaftlich ein Wertpapierdepot. Vor Beginn einer fünftägigen Dienstreise hat Marek Kollbach ohne Wissen seiner Frau telefonisch eine Order erteilt. Jana Kollbach erhielt am darauffolgenden Tag die nachfolgend abgebildete schriftliche Bestätigung und stellt dazu verschiedene Fragen.

Postfach 145, 30001 Hannover
HR Nr. A/26009 (AG Hannover)
Anstalt des öffentlichen Rechts

www.sparkasse-hannover.de

BIC-Adresse: SPKHDE 2H
Steuer-Nr.: 25/201/01231
USt-IdNr.: DE115648383

Sparkasse Hannover • Postfach 145 • 30001 Hannover

Auftragsnummer/Trade No.	Depotnummer/Custody a/c No.
413629/21	8300579044
Datum/Date	Börsenplatz/Stock Exchange
07.10.21	STUTTGART
GUELTIG BIS	LIMIT
31.10.21	100,2000000

WERTPAPIERRECHNUNG
LUXEMBURG

WERTPAPIER-AUFTRAGSBESTAETIGUNG VERKAUF

Wertpapierbezeichnung/Security Description	Zinstermin/Interest due	WKN/ISIN
4,8750 % FORD MOTOR CREDIT CO. EO-MEDIUM-TERM NOTES	17MAI	A0AAWZ XS0182220862
Nennwert/Stück/Par value number EUR 20.000,0000		

IHR AUFTRAG VOM 07.10.21
AUFTRAGSART: TELEFONISCH
2315141

WIR HABEN DEN AUFTRAG WIE VORSTEHEND ANGEGEBEN
IN VORMERKUNG GENOMMEN.

ZUM ZEITPUNKT DER ERSTELLUNG DIESER BESTÄTIGUNG WAR DIE ORDER
NOCH NICHT AUSGEFÜHRT.

Bitte prüfen Sie diese Abrechnung. Einwendungen gegen diese Aufgabe erheben Sie bitte unverzüglich.
Einen Irrtum bei Ausführung und Abrechnung behalten wir uns vor.
Sofern keine MwSt. ausgewiesen ist, handelt es sich un eine umsatzsteuerbefreite Finanzdienstleistung.

Kapitalerträge sind einkommensteuerpflichtig.

Please check this contract note/invoice. Objections must be raised immediately.
We reserve the right to correct errors or omissions with regard to the execution and settlement.
Unless no V.A.T. is declared, it is a sales tax free financial service.

Notice to investors liable to German taxation:
Income derived from capital investments is subject to income tax.

Diese Mitteilung wird nicht unterschrieben. / This note is valid without signature.

a) Erläutern Sie Jana Kollbach den Inhalt der Order.
b) Erklären Sie den Begriff „Wertpapierrechnung“.
c) Im Internet hat Jana Kollbach als letzten Börsenpreis die Notierung 100,20 bB in Erfahrung gebracht und möchte wissen, was dies für die Order bedeutet.
d) Mit welcher Kursentwicklung kann für das Wertpapier unabhängig von der Marktlage gerechnet werden?

→ ***4.4.7.2.2 und 4.4.8.2.2***

46. Wertpapierdienstleistungen: Wertpapierorder 2

Die Solarnet AG will neu emittierte Aktien nach dem Bookbuilding-Verfahren an der Börse (General Standard) einführen.

a) Erläutern Sie Ihrem Kunden den Ablauf von der Zeichnung bis zur Zuteilung.
b) Begründen Sie, warum bei Aktienemissionen Kreditinstitute eingeschaltet werden.

→ ***4.4.3.4***

47. Wertpapierdienstleistungen: Abrechnung einer Kundenorder 1

Am Dienstag, den 20.08. (Handelstag), kauft ein Kunde einer Sparkasse im Rahmen eines Festpreisgeschäfts eine Inhaberschuldverschreibung.

3,5 % Sparkassen-IHS 2013/2023

Nennwert	20.000,00 Euro
Zinstermin	26.03. ganzjährig (kein Schaltjahr)
Fälligkeit	26.03.2023
Kurs	96,75 %

Berechnen Sie den Betrag, mit dem das Girokonto des Kunden für diesen Kauf belastet wird.

→ ***4.4.8.2.3***

48. Wertpapierdienstleistungen: Abrechnung einer Kundenorder 2

Andreas Pietsch beabsichtigt, sich ein neues Auto zu kaufen. Dazu benötigt er Liquidität. Am Mittwoch, den 05.06. (Handelstag), wickelt Herr Pietsch daher mit Ihrem Haus einen Wertpapier-Verkauf ab:

4,25 % Landesbank-Pfandbrief Reihe 30 von 2015

Nennwert	10.000,00 Euro
Zinstermin	02.01. ganzjährig (kein Schaltjahr)
Fälligkeit	02.01.2023
Kurs	99,75 %

Ermitteln Sie den Betrag, den Andreas Pietsch über ein Verrechnungskonto ausgezahlt bekommt. Berücksichtigen Sie eine Abwicklungsgebühr von 50,00 Euro. Alle Verlustverrechnungstöpfe stehen auf Null, Kirchensteuer und Solidaritätszuschlag entfallen, der Freistellungsauftrag ist voll ausgeschöpft.

→ ***4.4.8.2.3***

49. Wertpapierdienstleistungen: Abrechnung einer Kundenorder 3

Ihr Kunde erhält nach der Zeichnung einer Inhaberschuldverschreibung die nachfolgend abgebildete Abrechnung.

Wertpapier-Abrechnung **Kauf**

Depot	Auftragsnummer	Abrechnungsnummer	Kontrahent	Geschäftstag
800	31467	6275	11	21.04.20..

Werteinheit	Nennwert/Anzahl	Wertpapierbezeichnung	ISIN
Euro	30.000.000	3 % Haspa Inh-Schv.R.280 F 01.03.20..	DE0003957809

Börsenplatz bzw. Ausführung	Kurs	Umrechnungskurs
Zeichnung	99.3500	

Zinstermin	Tilgungstermin	Verwahrungsart	Besteuerung
01.03.20..	01.03.20..	Stückelose Girosammelverwahrung	L

Lagerort/-land	gesperrt bis	Zinslauf ab	Zinssatz	Zinstage
			3.0000	53

Kurs-/Zeitwert	Euro	29.804,99
Stückzinsen	Euro	130,68
Nettobetrag	Euro	29.935,67

Den Nettobetrag buchen wir am 23.04.20..	Valuta 23.04.20..	
z. L. Konto 2123821	Euro	29.935,67

Keine Steuerbescheinigung

a) Was bedeutet für den Kunden die stücklose Girosammelverwahrung?

b) Erklären Sie den Begriff Stückzinsen.

→ **4.4.8.2.3**

50. Wertpapierdienstleistungen: Abrechnung einer Kundenorder 4

Rechnen Sie die folgenden Wertpapierkäufe für Kunden ab (kein Schaltjahr):

a) Kauf am Mittwoch, den 05.06., 20.000,00 Euro 5,5 % Bundesanleihe, 05.10. gzj. + 05.10. uff. zu 100,5 % (act/act),

b) Kauf am Dienstag, den 17.12., 12.000,00 Euro FRN-Bundesanleihe, aktueller Zins 5,325 %, vierteljährliche Zinsanpassung, + 01.01. uff. zu 100,1 %,

c) Kauf am Freitag, den 19.04., 9.000,00 Euro 5 % Kassenobligation eines Kreditinstituts, F/A + 01.08. ff. zu 102 % (act/act).

Konditionen:

- Provision 0,5 % vom Kurswert (mindestens vom Nennwert),
- Courtage 0,75 ‰ vom Nennwert.

→ **4.4.8.2.3**

51. Wertpapierdienstleistungen: Abrechnung einer Kundenorder 5

Rechnen Sie die folgenden Wertpapierverkäufe für Kunden ab (kein Schaltjahr, alle Stückzinsbeträge liegen im Rahmen nicht ausgenutzter Freistellungsaufträge):

a) Verkauf am Mittwoch, den 18.12., 10.000,00 Euro 5,0 % Pfandbriefe A/O + 01.04. ff. zu 99,5 % (act/act),

b) Verkauf am Mittwoch, den 06.02., 8.000,00 Euro $5^1/_4$ % Bundesobligation + 19.08. ff. gzj., zu 98,30 % (act/act),

c) Verkauf am Mittwoch, den 25.09., 4.200,00 Euro 7 % Bundesanleihe + 21.07. ff. gzj., zu 103,6 %
Konditionen:
- Provision 0,5 % vom Kurswert (mindestens vom Nennwert),
- Courtage 0,75 % vom Nennwert.

→ 4.4.8.2.3

52. Wertpapierdienstleistungen: Verwahrung von Wertpapieren 1

Peter Fahl unterhält bei der Nordostbank ein Depot, das ihm im Rahmen einer Erbschaft übertragen wurde. Bisher hat er sich nicht darum kümmern können. Zum Jahresbeginn erhält er erstmals einen Depotauszug zugesandt und wendet sich mit verschiedenen Fragen an seinen Berater.

Nordostbank AG

Herrn
Peter Fahl
Fichtestraße 34
12845 Wolfsstadt

Wolfsstadt, im Januar 2021

Depotkonto 80329012325
Depotinhaber Peter Fahl

Depotauszug per 31.12.2020 mit Jahressteuerkursen

Währung ISIN/WKN	Nennwert/Stück Wertpapierbezeichnung	Verwahrungsart	Wertpapierkurs Devisenkurs	Kurswert in Euro
Euro DE0002015682	20.000 4,25 % Nordd. Landesbank Inh.-Schv. Em. 532 v. 2013 (2023) Zinstermin 27.04.gzj. Fälligkeit 27.04.2023	GIROSAMMELDEPOT	101,65 %	20.330,00
ST DE0007664039	160 PRIMUS AG Vorzugsaktien Nennwertlose Stückaktien	GIROSAMMELDEPOT	24,80 Euro	3.968,00
2 Posten			**Kurswert (gesamt)**	**24.298,00**

Für den Geschäftsverkehr mit Ihnen gelten die Allgemeinen Geschäftsbedingungen einschließlich der Sonderbedingungen für Wertpapiergeschäfte und der für Börsentermingeschäfte. Bei ausländischen Werten, die im Inland nicht im regulierten Markt gehandelt werden, ist der Originalkurs der Heimatbörse zugrunde gelegt.
Wir bitten, den Auszug zu prüfen und etwaige Beanstandungen an unsere Revision zu richten. Sofern wir innerhalb von einem Monat nach Zugang keine entsprechende Mitteilung von Ihnen erhalten, gilt der Depotauszug als anerkannt. Für Rückfragen steht Ihnen jederzeit Ihr Kundenberater zur Verfügung.
Dieser maschinell erstellte Depotauszug wird nicht unterschrieben.
Nordostbank AG

a) Erläutern Sie Peter Fahl die Eigenschaften der im Depot verwahrten Wertpapiere:
   (1) Welche Rechte verbriefen die Wertpapiere?
   (2) Welche Art der Kapitalbeschaffung stellen die Wertpapiere aus der Sicht der Emittenten dar?
   (3) Welchen Ertragsanspruch hat Peter Fahl?
   (4) Wie sicher ist der Ertragsanspruch?
   (5) Welches Risiko haben die Wertpapiere?
   (6) Kann Peter Fahl die Wertpapiere jederzeit verkaufen?

b) Erklären Sie Peter Fahl die folgenden Begriffe:
   - nennwertlose Stückaktie,
   - Girosammeldepot.

→ *4.4.3.3 und 4.4.8.3.2*

53. Wertpapierdienstleistungen: Verwahrung von Wertpapieren 2

Martina Grieshammer teilt Ihnen mit, dass ihre Mutter, Amelie Schrader, Kundin der MainhattanBank AG, verstorben ist. Sie legt eine Kopie der Sterbeurkunde vor. Außerdem hat sie die folgenden Wertpapiere aufgrund der vorliegenden Schrankfachvollmacht dem Schließfach ihrer Mutter entnommen:

- 100 Aktien Daimler AG
- 50 Aktien Allianz AG
- 200 Investmentfonds-Anteile MainhattanTrust DAXplus
- 5.000,00 Euro nom. 4,25 % Pfandbrief der MainhattanHypobank 2010/2020 + 01.03. uff.

a) Welche Pflichten hat die MainhattanBank AG im Todesfall von Amelie Schrader?
b) Martina Grieshammer überlegt, ob sie die Wertpapiere weiter selbst in einem Schließfach verwahren oder bei der MainhattanBank AG ein Depot eröffnen soll.
   Erläutern Sie Martina Grieshammer die Vorteile einer Depoteröffnung.
c) Welche Verwaltungstätigkeiten nehmen die Kreditinstitute ihren Depotkunden ab?
d) Zeigen Sie die Unterschiede der beiden möglichen Verwahrarten Girosammel- und Streifbandverwahrung auf.

→ *4.4.8.3*

54. Wertpapierdienstleistungen: Ausübung von Stimmrechten 1

Hinrich Trappert erhält über Ihr Kreditinstitut die Einladung zur Hauptversammlung der E.ON AG. Die Aktien hält er in einem Girosammeldepot. Auf Nachfrage des Kunden erteilen Sie Hinrich Trappert die Auskunft, dass Ihre Bank die Ausübung von Stimmrechten aus Kundendepots nicht anbietet.

Der Kunde nimmt dies mit Bedauern zur Kenntnis und konfrontiert Sie mit folgendem Sachverhalt: Die durchschnittliche Aktionärspräsenz auf Hauptversammlungen der DAX-Unternehmen hat von 52,66 % im Jahr 2000 bis heute kontinuierlich abgenommen. Bei E.ON lag die Präsenz in der Hauptversammlung nur noch bei 26 %.

a) Zu welchen Problemen kann dies in der Beschlussfassung auf Hauptversammlungen führen?
b) Informieren Sie den Kunden über die Rechte, die ihm als Aktionär auf der Hauptversammlung der E.ON AG zustehen.
c) Da Ihre Bank die Stimmrechtsausübung nicht anbietet, möchte der Kunde wissen, welche alternativen Möglichkeiten zur Stimmrechtsausübung bestehen.

→ *4.4.8.3.4*

55. Wertpapierdienstleistungen: Ausübung von Stimmrechten 2

Ein Kunde Ihres Kreditinstituts besitzt 100 Deutsche Bank Aktien. Da er eine Einladung zur Hauptversammlung erhalten hat, bittet er Sie um Auskunft.

a) Welche Möglichkeiten der Stimmrechtsausübung haben Aktionäre?
b) Über welche Angelegenheiten wird in der Hauptversammlung Beschluss gefasst?
c) Aus welchen Gründen sollte der Kunde an der Hauptversammlung teilnehmen?

→ **4.4.8.3.4**

56. Verwahrung und Verwaltung: Geschlossenes Depot

Ihr Kunde Bernd Lindner erzählt Ihnen, dass ihm in der vergangenen Woche beinahe die Wohnung ausgebrannt sei, als sein Fernsehgerät implodierte. Nun erkundigt er sich, ob er einige Vermögensgegenstände, die er bislang zu Hause aufbewahrte, bei Ihrem Kreditinstitut in Verwahrung geben kann:

- Eine Briefmarkensammlung (insgesamt 15 Alben)
- Ein wertvolles Gemälde (Geschätzter Wert: 70.000,00 Euro)
- Ein Sparbuch Ihres Kreditinstituts mit dreimonatiger Kündigungsfrist (Guthaben: 4.720,37 Euro)
- Eine Lebensversicherungspolice der Allianz Lebensversicherungs-AG über 60.000,00 Euro

Beraten Sie Bernd Lindner.

a) Welche Verwahrungsmöglichkeiten bieten Sie an? Erläutern Sie die für die einzelnen Vermögenswerte möglichen Verwahrarten.
b) Bernd Lindner möchte gelegentlich sein auf einer Versteigerung erworbenes Gemälde betrachten. Können Sie diesen Wunsch bei der von Ihnen vorgeschlagenen Verwahrart erfüllen?
c) Bernd Lindner hebt häufig gegen Ende eines Monats Geld von seinem Sparbuch ab. Dazu braucht er das Sparbuch. Was ist zu beachten, wenn Herr Lindner sein Sparbuch abholen möchte? Erläutern Sie die erforderlichen Schritte.
d) Vor zwei Monaten hat Herr Lindner bei Ihrem Kreditinstitut einen Ratenkredit über 8.000,00 Euro zur Finanzierung einer neuen Wohnungseinrichtung aufgenommen. Auf welche der in Verwahrung gegebenen Vermögensgegenstände kann Ihr Kreditinstitut im Falle einer nicht ordnungsgemäßen Rückzahlung des aufgenommenen Ratenkredits zugreifen? Begründen Sie Ihre Entscheidung.

→ **4.4.8.3**

57. Verwahrung und Verwaltung: Depotauszug

Sebastian Kunke unterhält ein Wertpapierdepot in der Sparkasse Norderstedt. Mit dem jährlichen Depotauszug erhält er nachfolgende Information:

> *„Wir möchten Sie informieren, dass Bankaktien, Schuldverschreibungen von Banken und Sparkassen sowie andere Forderungen gegen Banken und Sparkassen europaweit besonderen Vorschriften für den Fall der Bestandsgefährdung dieser Institute unterliegen. Hintergrund sind die gesetzlichen Regelungen der Bankensanierung und -abwicklung, die in einem Abwicklungsfall zur Anwendung kommen können.*
>
> *Diese Regelungen (zum Beispiel sogenanntes „Bail-in") können sich für den Anleger beziehungsweise Vertragspartner im Abwicklungsfall des Instituts nachteilig auswirken. Nähere Informationen, welche Finanzinstrumente betroffen sind, erhalten Sie unter: www.bafin.de (unter dem Suchbegriff: Haftungskaskade)."*

Sebastian Kunke hat einige Nachfragen zu dem Text, die Sie ihm beantworten.

a) Was ist der Hintergrund der Information in dem Jahresdepotauszug?
b) Was ist das „Bail-in"?
c) Unter welchen Voraussetzungen kann ein Bail-in angeordnet werden?
d) Können auch Anteile von Investmentfonds vom Bail-in betroffen sein?
e) Was passiert mit seinem Depot, wenn die Abwicklungsbehörde bei der Sparkasse Bail-in-Maßnahmen anordnet?
f) Sind Guthaben auf Giro- oder Sparkonten auch vom Bail-in betroffen?

→ ***1.5.3.2 und 4.4.8.3.4***

4.5 *Anlagen in Finanzderivaten*

1. Finanztermingeschäfte: Zinsfutures

Heide Grund, vermögende Privatkundin, äußert in einem Beratungsgespräch ihre Erwartung über die künftige Zinsentwicklung im Euroraum. Vor dem Hintergrund der schwachen konjunkturellen Entwicklung geht sie aus von

- einer rückläufigen Inflationsrate und
- einer expansiven Geldpolitik der EZB.

Sie möchte ihre Zinserwartung durch den Einsatz von BUND-Futures umsetzen.

a) Erklären Sie der Kundin am Beispiel der BUND-Futures-Kontrakte die Kennzeichen von Finanz-Futures.
b) Mit welcher Position in BUND-Futures kann Heide Grund ihre Zinsprognose ertragbringend umsetzen?
c) Welchen Vorteil bietet die Umsetzung der Zinserwartung mit BUND-Futures im Vergleich mit Direktanlagen in Anleihen?
d) Nennen Sie die Faktoren, die den Preis des BUND-Futures beeinflussen.

→ ***4.5.2***

2. Optionsgeschäfte: Optionen in der Beratung

In einem Beratungsgespräch berichtet Ihnen Ernst Neumann, dass er in der Wirtschaftspresse über die Möglichkeit gelesen hat, mit Optionen Zusatzerträge aus seinen Aktienbeständen an der Terminbörse zu erzielen.

a) Welche Position in Aktienoptionen spricht dieser Kunde an, und welche Erwartungen müsste Ernst Neumann für das Eingehen einer solchen Position bezüglich der Entwicklung seiner Aktienbestände haben?
b) Im weiteren Verlauf der Beratung wird deutlich, dass Ernst Neumann für die weitere Kursentwicklung an der Aktienbörse sehr optimistisch gestimmt ist. Welche Optionsposition empfehlen Sie ihm bei einer solchen Erwartung?
c) Ernst Neumann ist von Terminmärkten fasziniert. Er möchte wissen, welche Möglichkeiten Futures bieten. Erläutern Sie kurz die Grundpositionen eines DAX-Futures und grenzen Sie Futures von Optionsgeschäften ab.

→ ***4.5.2, 4.5.3 und 4.5.4***

3. Optionsgeschäfte: Aktienoptionen 1

Ein Anleger erwartet, dass der Kurs der Megatec Aktie innerhalb kürzester Zeit um 15 % steigen wird. Er möchte deshalb eine Long-Position in einem Call auf diese Aktie eingehen. Der aktuelle Kurs der Megatec Aktie beträgt 16,00 Euro. Der Anleger hat für seine spekulative Anlage 10.000,00 Euro zur Verfügung.
Zur Auswahl stehen folgende Optionen:

Basispreis	Call-Preis (Prämie)
15,00 Euro	1,05
16,00 Euro	0,85
17,00 Euro	0,35

a) Stellen Sie das Gewinn-/Verlustprofil eines Long-Calls in einer Grafik dar.
b) Berechnen Sie, wie viele Calls der Anleger pro Serie maximal erwerben kann.
c) Der Anleger entscheidet sich für den Kauf des at-the-money-Call. Stellen Sie fest, welchen Gewinn oder Verlust der Anleger aus dieser Optionsposition realisiert, wenn der Kurs der Megatec Aktie am Fälligkeitstag der Option 17,90 Euro beträgt.

→ ***4.5.3, 4.5.4 und 4.5.5***

4. Optionsgeschäfte: Aktienoptionen 2

Ein Anleger erwartet, dass der Kurs der SolWind AG-Aktie innerhalb der nächsten Zeit leicht fällt bzw. konstant bleibt. Im Depot des Anlegers befinden sich 3.500 Aktien mit einem Einstandskurs von 34,50 Euro je Aktie. Der Kunde möchte zur Verbesserung seiner Performance eine Short-Position in Calls auf die SolWind Aktie eingehen. Der aktuelle Kurs der Aktie beträgt am Beratungstag 34,70 Euro.

a) Stellen Sie das Gewinn- und Verlustprofil dieser Optionsposition in einer Grafik dar.
b) Der Kunde entscheidet sich, eine Short-Position in Calls mit einem Basispreis von 36,00 Euro einzugehen. Der Call-Preis (Prämie) beträgt 1,15 Euro. Berechnen Sie, ab wann für den Anleger ein Verlust eintritt und welchen maximalen Gewinn er erzielen kann.
c) Der Kurs der SolWind Aktie fällt bei Verfall der Option auf 34,00 Euro. Stellen Sie das Gewinn- und Verlustprofil der gesamten Position dar.
d) Der Kurs der SolWind Aktie ist bei Verfall der Option auf 37,90 Euro gestiegen. Stellen Sie das Gewinn- und Verlustprofil der Gesamtposition dar und erläutern Sie, mit welchen Transaktionen für den Kunden zu rechnen ist.

→ ***4.5.3, 4.5.4 und 4.5.5***

5. Optionsgeschäfte: Aktienoptionen 3

Petra Klein unterhält ein Depot mit 500 Aktien der Xenon AG. Seit dem Erwerb der Aktien verlief die Kursentwicklung sehr erfreulich. Der aktuelle Tageskurs liegt bei 43,50 Euro. In einem Gespräch im Mai erfahren Sie, dass Petra Klein im Zusammenhang mit einer privaten Anschaffung zum Jahresende einen Liquiditätsbedarf von ca. 22.000,00 Euro hat. Petra Klein möchte sicherstellen, dass der Betrag durch den Verkauf der Xenon Aktien gedeckt werden kann. Sie empfehlen der Kundin Optionsgeschäfte an der Eurex.

a) Erläutern Sie unter Einbeziehung der nachfolgenden Daten das geeignete Optionsgeschäft. Begründen Sie der Kundin auch die Wahl des Basispreises und der Fälligkeit.

CALL		Kontrakt über 100 Aktien		PUT	
Geld (Bid)	Brief (Ask)	Monat	Basis	Geld (Bid)	Brief (Ask)
3,55	3,75	September	42,00	1,75	2,00
2,49	2,52	September	44,00	2,50	2,80
1,35	1,50	September	46,00	3,10	3,30
1,00	1,20	September	48,00	5,05	6,05
4,20	4,54	Dezember	42,00	2,10	2,30
3,40	3,90	Dezember	44,00	3,25	3,43
1,95	2,35	Dezember	46,00	4,30	5,10
1,35	1,60	Dezember	48,00	5,40	6,40

b) Erklären Sie der Kundin, welche Faktoren den Preis für das Optionsgeschäft an der Terminbörse Eurex bestimmen.

c) Informieren Sie die Kundin, wie sich fallende und steigende Kurse der Xenon Aktien auf den Wert der Optionen und auf die Gesamtposition aus Aktien und Optionen auswirken.

→ *4.5.3, 4.5.4 und 4.5.5*

6. Optionsscheine: Hebel

Ein Optionsschein mit dem Kurs 1,43 Euro berechtigt zum Bezug einer Bayer Aktie zum Basispreis von 37,00 Euro. Der aktuelle Kurs der Aktie liegt bei 35,48 Euro.

a) Berechnen und erläutern Sie den einfachen Hebel.

b) Der Wert einer Option setzt sich aus dem inneren Wert und dem Zeitwert zusammen.
Wie wird der innere Wert bei einem Call und einem Put berechnet und warum sind hierbei keine negativen Werte möglich?

→ *4.5.3.6*

7. Optionsscheine: Handel

Im Rahmen eines Beratungsgesprächs tauchen verschiedene Fragen zum Handel von Optionsscheinen im außerbörslichen Direkthandel auf, die Sie klären sollen.

a) Um welche Geschäftsform handelt es sich bei der Ausführung im Direkthandel?

b) Erklären Sie die Funktionsweise des Direkthandels unter Berücksichtigung der Verfügbarkeit des Angebots.

c) Welche Produkte können außer den Optionsscheinen außerbörslich im Direkthandel gekauft und verkauft werden?

d) Nennen Sie dem Kunden vier Vorteile des Direkthandels.

e) Nennen Sie dem Kunden zwei Risiken im Vergleich zum Börsenhandel.

→ *4.4.8.2.1 und 4.5.5.3*

4.6 Andere Anlagemöglichkeiten

1. Goldanlagen

Arthur Groß, Jahrgang 1939, hat Interesse an Anlagen in Gold.

a) Ordnen Sie Goldanlagen in die Struktur der Vermögensklassen ein und geben Sie Herrn Groß einen Überblick über die verschiedenen Formen der Goldanlage (jeweils mit Vor- und Nachteilen).
b) Erklären Sie, warum eine Goldanlage als Depotbeimischung sinnvoll sein kann.
c) Erläutern Sie Herrn Groß das Währungsrisiko bei einer Goldanlage.

→ 4.6.3

2. Anlagen in Rohstoffen

Otto Kern verfügt als vermögender Privatkunde über ein umfangreiches Wertpapierdepot mit Aktien, offenen Immobilienfonds und festverzinslichen Wertpapieren. Von den Renditen seiner Vermögensanlagen in der jüngsten Vergangenheit ist er enttäuscht.

Im Beratungsgespräch erörtern Sie die möglichen zukünftigen Entwicklungen auf den Finanzmärkten und kommen gemeinsam zum Schluss, dass Rohstoffinvestments eine attraktive Renditechance bieten.

a) Erklären Sie Herrn Kern, warum Rohstoffanlagen im Rahmen der gesamten Vermögensplanung eine sinnvolle Anlageform sein können.
b) Nennen Sie vier Anlageinstrumente, mit denen Otto Kern von einem erwarteten Ölpreisanstieg profitieren kann.
c) Im Verlauf des Beratungsgesprächs kommt auch der Erwerb eines in USD notierten Call-Optionsscheins auf Öl zur Sprache. Der Optionsschein hat folgende Ausstattungsmerkmale:
   - Basispreis 40 USD
   - Hebel 2
   - Aufgeld 20 %

   Erklären Sie Otto Kern die Begriffe Basispreis, Aufgeld und Hebel.

→ 4.6.3

3. Anlagen in Beteiligungen

Zur Erzielung gleichmäßiger Erträge und als Schutz gegen Inflation möchte ein Kunde in den Immobilienmarkt als Kapitalanlage investieren.

a) Vergleichen Sie offene und geschlossene Immobilienfonds nach den Kriterien
   1. Anlageobjekte,
   2. steuerliche Behandlung und
   3. Handelbarkeit der Anteile.
b) Präsentieren Sie die Chancen und Risiken von geschlossenen Fonds.

→ 4.6.3.1

4.7 Besteuerung von Geld- und Vermögensanlagen

1. Abgeltungsteuer und Kirchensteuer bei Gemeinschaftsdepots

Max und Mira Dahmer unterhalten ein Gemeinschaftsdepot. Sie erhalten nachfolgende Gutschrift über die Ertragsausschüttung von 300 Rentenfondsanteilen.
Erklären Sie den Kunden die Aufteilung der Ausschüttung.

Gutschrift von Investmenterträgen

Nominale	Wertpapierbezeichnung	ISIN	(WKN)
Stück 300	DIT-INTERNAT. RENTENFONDS ANTEILE	DE008475054	(847505)

Zahlbarkeitstag	20.02.2021	Ausschüttung pro Stück	1,000000000 Euro
Bestandsstichtag	Jahr 2021	Zinsanteil pro Stück	1,000000000 Euro
Ex Tag	Jahr 2021		
Geschäftsjahr	2020		

Zinsanteil			**300,00**	**Euro**
Kapitalertragssteuerpflichtiger Ertrag	300,00	Euro		
Verrechnete sonstige negative Kapitalerträge	80,00 –	Euro		
Verrechneter Sparer-Pauschbetrag	100,00 –	Euro		
Berechnungsgrundlage für die Kapitalertragsteuer	120,00	Euro		
Anteilige Berechnungsgrundlage für Max Dahmer (90 %) entspricht 108,00 Euro				
Kapitalertragsteuer 24,45 % auf 108,00 Euro			26,41 –	Euro
Solidaritätszuschlag 5,5 % auf 26,41 Euro			1,45 –	Euro
Kirchensteuer 9 % auf 26,41 Euro			2,37 –	Euro
Anteilige Berechnungsgrundlage für Mira Dahmer (10 %) entspricht 12,00 Euro				
Kapitalertragsteuer 24,45 % auf 12,00 Euro			2,94 –	Euro
Solidaritätszuschlag 5,5 % auf 2,49 Euro			0,16 –	Euro
Kirchensteuer 8 % auf 2,94 Euro			0,23	Euro
Ausmachender Betrag			**266,44**	**Euro**

→ 4.7.2

2. Berechnung der Abgeltungsteuer

Der alleinstehende Kunde Jürgen Kraus hat einen Freistellungsauftrag in voller Höhe erteilt. Eine Mitteilung über die Zugehörigkeit zu einer Religionsgemeinschaft liegt nicht vor. Im Laufe des Jahres treten in zeitlicher Reihenfolge folgende Sachverhalte auf:

Am 15.01. kauft der Kunde ein festverzinsliches Wertpapier. Als Ausgleich des Zinsanspruchs an den Verkäufer sind Stückzinsen von 1.000,00 Euro zu zahlen.
Am 16.03. erfolgt aus einer einjährigen Termingeldanlage eine Zinszahlung von 400,00 Euro.
Am 02.04. erhält der Kunde aus dem gekauften festverzinslichen Wertpapier Zinsen in Höhe von 1.601,00 Euro.
Am 10.12. verkauft der Kunde Aktien, die er im Laufe des Jahres erworben hatte. Der Verlust beträgt 400,00 Euro.

a) Berechnen Sie die einzubehaltende Abgeltungsteuer (ohne Berechnung des Solidaritätszuschlags) bei Auszahlung der Kapitalerträge.
b) Beraten Sie den Kunden über den Umgang mit dem Aktienverlust.

→ 4.7.2

3. Freistellungsauftrag

Kai und Klara Peters haben als Ehegatten ihrer Bank einen Freistellungsauftrag über 1.602,00 Euro erteilt. Kai Peters erhält aus einem Sparkassenbrief, der auf seinen Namen läuft, eine Zinseinnahme von 1.400,00 Euro. Klara Peters erzielt zunächst Zinseinnahmen von 400,00 Euro.

a) Wie hoch sind die Einkünfte aus Kapitalvermögen der beiden Ehegatten?
b) Wie hoch sind die Einkünfte aus Kapitalvermögen, wenn bei sonst gleichen Bedingungen die Zinseinnahme von Kai Peters 1.000,00 Euro beträgt?

→ ***4.7.2.5 und 4.7.2.6***

4. Besteuerung von Veräußerungsgewinnen

Ermitteln Sie den steuerpflichtigen Gewinn aus der Veräußerung von Aktien und die darauf fällige Abgeltungsteuer (ohne Kirchensteuer). Nutzen Sie dabei die FIFO-Methode.

Kai Peters verkauft am 01.09.2021 aus seinem Wertpapierdepot 150 Aktien der Megatec AG zu einem Preis von 150,00 Euro pro Stück.

Anschaffungsdatum	Stück	Kurs pro Stück
20.11.2008	100	100,00 Euro
14.02.2020	40	90,00 Euro
14.12.2020	30	100,00 Euro
01.07.2021	30	110,00 Euro

→ ***4.7.2.3***

5. Berechnung des zu versteuernden Einkommens

Carla und Richard Schmidt, 34 und 40 Jahre alt, sind verheiratet. Sie geben eine Steuererklärung für alle Einkunftsarten ab und werden steuerlich zusammen veranlagt. Für die Ermittlung des zu versteuernden Einkommens sind folgende Tatbestände relevant.

Richard Schmidt:
- Bruttogehalt aus nichtselbstständiger Tätigkeit in Höhe von 80.000,00 Euro
- Zinsen für ein Tagesgeldkonto 2.000,00 Euro am 25.04.
- Zinsen für Spareinlage 1.000,00 Euro am 31.12.
- Zinsen aus festverzinslichen Wertpapieren 500,00 Euro am 22.03.
- Gewinn aus Aktienverkauf 300,00 Euro am 07.09. (Kauf der Aktien erfolgte im gleichen Jahr)
- Verlust aus Aktienverkauf 300,00 Euro am 22.07. (Kauf der Aktien erfolgte im gleichen Jahr)

Carla Schmidt:
- Bruttogehalt aus nichtselbstständiger Tätigkeit 20.000,00 Euro
- Ertragsausschüttungen für Investmentfondsanteile am 09.05.

Fonds	Barausschüttung	steuerpfl. Anteil	Stückzahl
Arideka	0,95	0,75	120
DekaFonds	0,60	0,50	600

- gezahlte Stückzinsen 830,00 Euro am 17.11.
- Zinsen für Sparkassenbrief 420,00 Euro per 30.09.

- Zinsen für Spareinlage 7,50 Euro per 31.12.
- Zinsen für Zuwachssparen 1.500,00 Euro per 31.12.

a) Ermitteln Sie jeweils getrennt für die Ehegatten die Summe der Einkünfte. Berücksichtigen Sie dabei Pauschbeträge für Werbungskosten bei den Einkünften aus nichtselbstständiger Arbeit über je 1.000,00 Euro.
b) Ermitteln Sie das zu versteuernde Einkommen, indem Sie Vorsorgeaufwendungen von 5.000,00 Euro steuermindernd berücksichtigen.

→ *4.7.1 und 4.7.2*

6. Berechnung der Abgeltungsteuer bei Ehegatten

Carla und Richard Schmidt, 34 und 40 Jahre alt, sind verheiratet und haben einen Freistellungsauftrag in maximaler Höhe erteilt. Berechnen Sie ohne Berücksichtigung von Kirchensteuer und Solidaritätszuschlag die Abgeltungsteuer für folgende Tatbestände:

Richard Schmidt:
- Zinsen für ein Tagesgeldkonto 2.000,00 Euro am 25.04.
- Zinsen für Spareinlage 1.000,00 Euro am 31.12.
- Zinsen aus festverzinslichen Wertpapieren 500,00 Euro am 22.03.
- Gewinn aus Aktienverkauf 300,00 Euro am 08.09. (Kauf der Aktien erfolgte im gleichen Jahr)
- Verlust aus Aktienverkauf 300,00 Euro am 23.07. (Kauf der Aktien erfolgte im gleichen Jahr)

Carla Schmidt:
- Ertragsausschüttungen für Investmentfondsanteile am 08.05.

Fonds	Barausschüttung	steuerpfl. Anteil	Stückzahl
Arideka	0,95	0,75	120
DekaFonds	0,60	0,50	600

- gezahlte Stückzinsen 830,00 Euro am 17.11.
- Zinsen für Sparkassenbrief 420,00 Euro per 30.09.
- Zinsen für Spareinlage 7,50 Euro per 31.12.
- Zinsen für Zuwachssparen 1.500,00 Euro per 31.12.

→ *4.7.2*

7. Beratung über Abgeltungsteuer 1

Kauf/Verkauf	Datum	Stückzahl	Kurs in Euro
Kauf	12.05.2007	75	20,00
Kauf	19.02.2008	50	30,00
Kauf	17.01.2021	80	25,00
Verkauf	16.05.2021	60	35,00
Verkauf	17.06.2021	125	40,00

Für einen Bestand an Sietrak-Aktien liegen die oben beschriebenen Käufe und Verkäufe vor. Der Kunde Lars Feile hat auf Ihr Anraten die Aktien, die ab dem Jahr 2009 gekauft wurden, in ein zweites Depot einbuchen lassen. Der Kunde ist nicht kirchensteuerpflichtig und hat keinen Freistellungsauftrag erteilt.

a) Ihr Kunde möchte wissen, aus welchem Depot der Verkauf der 60 Aktien bzw. der Verkauf der 125 Aktien vor dem Hintergrund der Reduzierung der Abgeltungsteuer durchgeführt werden soll.
b) Berechnen Sie den Gesamtbetrag der fälligen Abgeltungsteuer und vergleichen Sie diesen mit dem Betrag, der fällig gewesen wäre, wenn der Kunde auf Ihr Anraten hin kein zweites Depot eröffnet hätte.

→ *4.7.2.3*

8. Beratung über Abgeltungsteuer 2

Marlies Knack hat im laufenden Jahr Aktienverluste von 1.600,00 Euro erlitten und bittet Sie um Aufklärung, wie damit in steuerlicher Hinsicht umzugehen ist.

→ *4.7.2.3*

9. Abgeltungsteuer 1

Der alleinstehende Rolf Witte ist 65 Jahre alt und seit 01.01. dieses Jahres Rentner. Ende Dezember des Vorjahres hat er aus einer Erbschaft einen Betrag von 46.000,00 Euro erhalten. Diesen Betrag hat er mit Wirkung vom 01.01. dieses Jahres als Industrieschuldverschreibung angelegt. Die Schuldverschreibung wird fest mit 5 % verzinst. Die Zinsen werden jährlich zum 31.12. gezahlt.
Aufgrund seiner Arbeitslosigkeit seit dem 60. Lebensjahr hatte Herr Witte in den letzten Jahren keine Veranlagung zur Einkommensteuer mehr durchgeführt. Wegen der Geldanlage befürchtet er, diese nun wieder durchführen zu müssen.
Herr Witte erwartet in diesem Jahr (neben den Zinsen aus der oben genannten neuen Anlage) folgende Einnahmen:

12.400,00 Euro	jährliche gesetzliche Rente (Der Besteuerungsanteil beträgt 60 %.)
800,00 Euro	Zinseinnahmen (neben den Zinsen aus der neuen Schuldverschreibung). Herr Witte hat bei der Sparkasse einen Freistellungsauftrag in max. Höhe gestellt.

Die sonstigen Vorsorgeaufwendungen (Kranken- und Pflegeversicherung der Rentner, also ohne Anspruch auf Krankengeld) betragen 930,00 Euro.
Der Altersentlastungsbetrag ist mit 736,00 Euro zu berücksichtigen.

a) Ermitteln Sie, wie viel Abgeltungsteuer die Sparkasse anonym für Herrn Witte in diesem Jahr (ohne Kirchensteuer und ohne Solidaritätszuschlag) an das Finanzamt abführt.
b) Erläutern Sie Herrn Witte, welche Auswirkungen eine Veranlagung zur Einkommensteuer zur Durchführung der Günstigerprüfung in Bezug auf die abgeführte Abgeltungsteuer hat. Berechnen Sie dazu das zu versteuernde Einkommen (Darstellung mit Zwischenschritten unter Berücksichtigung der Einkommensteuer-Systematik).
Erläutern und begründen Sie dabei, ob für Rolf Witte eine Steuerschuld entsteht. Der Grundfreibetrag für dieses Jahr beträgt 9.744,00 Euro.
c) Erläutern Sie, welche Bedeutung und Wirkung eine Nichtveranlagungsbescheinigung für Herrn Witte generell hätte und wie sie erlangt werden kann.

→ *4.7.2.1 und 4.7.2.4*

10. Abgeltungsteuer 2

Für Paul Fromm werden im Laufe des Jahres in chronologischer Reihenfolge die nachfolgend aufgeführten Geschäftsvorfälle abgewickelt. Es liegt ein Freistellungsauftrag über 801,00 Euro vor. Die Verlustverrechnungstöpfe starten mit Null. Berechnen Sie die abzuführende bzw. zu erstattende Abgeltungsteuer.

(1) Durch den Kauf von festverzinslichen Wertpapieren fallen 600,00 Euro Stückzinsen an.

(2) Dividendenzahlung von 400,00 Euro

(3) Aus Verkäufen von Aktien, die im laufenden Jahr erworben wurden, fällt ein Verlust von 350,00 Euro an.

(4) Aus einem Sparbrief werden 500,00 Euro Zinsen fällig.

(5) Aus dem Verkauf von Investmentfondsanteilen entsteht ein Verlust von 200,00 Euro.

(6) Im Laufe des Jahres erworbene Aktien werden mit 600,00 Euro Gewinn verkauft.

(7) Verluste aus Aktienverkäufen in Höhe von 300,00 Euro

(8) Dividenden in Höhe von 1.000,00 Euro fallen aus Aktienbeständen an.

(9) Durch den Kauf von festverzinslichen Wertpapieren fallen 100,00 Euro Stückzinsen an.

→ 4.7.2

5 Kredite für Kunden

5.1 Grundlagen des Kreditgeschäfts

1. Einteilung der Bankkredite

Bankkredite können nach der Art des Mitteleinsatzes in Geldleihe und Kreditleihe eingeteilt werden.

a) Erläutern Sie den Unterschied zwischen Geldleihe und Kreditleihe.
b) Entscheiden Sie, ob es sich in den folgenden Fällen um Geldleihe oder Kreditleihe handelt:

1) Die Hansabank AG räumt der Weihnachtsschmuckhandelsgesellschaft Otto Hannemann & Co. KG einen Überbrückungskredit für die Monate Juli bis Dezember ein.
2) Die Industriebank AG übernimmt einen Konsortialanteil an einer Bankbürgschaft für den Bau eines Großkraftwerks in Indien. Der Kaufpreis für das Projekt wird gemäß Baufortschritt Zug um Zug abgewickelt.
3) Die Sparkasse Bodenwiehl übernimmt die Finanzierung eines Lkw für einen Bodenwiehler Speditionsbetrieb.
4) Die Rheinauetalbank eG gewährt einer Winzergenossenschaft einen Investitionskredit für die Erstellung einer Weinabfüllanlage.

→ *5.1.1, 5.1.2, 5.1.3.6 und 5.1.4*

2. Kreditfähigkeit und Kreditwürdigkeit

Die Kreditinstitute haben vor einer Kreditgewährung die Kreditfähigkeit und die Kreditwürdigkeit des Kunden zu prüfen.

a) Erläutern Sie die Unterschiede zwischen der Kreditfähigkeit und der Kreditwürdigkeit.
b) Nennen Sie Aspekte, die im Rahmen der Kreditfähigkeits- und Kreditwürdigkeitsprüfung zu untersuchen sind.
c) Welche Unterlagen können zur Prüfung der Kreditfähigkeit und der Kreditwürdigkeit genutzt werden?

→ *5.1.3.2*

3. Offenlegung der wirtschaftlichen Verhältnisse

Die Kreditinstitute sind gesetzlich dazu verpflichtet, sich die wirtschaftlichen Verhältnisse ihrer Kreditnehmer offenlegen zu lassen.
Nennen und erläutern Sie die entsprechenden gesetzlichen Vorschriften zur Offenlegung der wirtschaftlichen Verhältnisse.

→ *5.1.3.2.2*

4. Fehlerhafte Kreditwürdigkeitsprüfung bei Verbraucherdarlehen

Die Banken und Sparkassen haben bei Verbraucherdarlehen die Kreditwürdigkeit des Kunden durch die Offenlegung seiner wirtschaftlichen Verhältnisse zu beurteilen. Ein Verstoß gegen diese Verpflichtung kann für das Kreditinstitut weitreichende Folgen haben.
Nennen und erläutern Sie mögliche Rechtsfolgen für das Kreditinstitut bei einer fehlerhaften Kreditwürdigkeitsprüfung im Zusammenhang mit einem Verbraucherdarlehen.

→ *5.1.3.2.2*

5. Beendigung des Kreditverhältnisses

Ein Verbraucherdarlehensvertrag kann durch den Kunden nach den Vorschriften des BGB vorzeitig beendet werden.

a) Welche Kündigungsfrist ist durch den Kunden zu beachten?
b) Bei der vorzeitigen Rückzahlung eines Verbraucherdarlehens mit Sollzinsbindung hat der Kunde dem Kreditinstitut den durch die Rückzahlung entstandenen Schaden zu ersetzen. Erläutern Sie, wie dies geschieht und in welcher Höhe das Kreditinstitut Schadenersatz geltend machen kann.

→ *5.1.3.8*

6. Einteilung der Kreditsicherheiten

Kreditsicherheiten können in Personensicherheiten und Sachsicherheiten sowie in akzessorische und abstrakte Sicherheiten unterschieden werden.

a) Nehmen Sie eine Abgrenzung zwischen Personen- und Sachsicherheiten vor und nennen Sie Beispiele für die jeweilige Sicherheitenart.
b) Grenzen Sie die akzessorischen und die abstrakten Sicherheiten unter Nennung von Beispielen voneinander ab.

→ *5.1.5.1, 5.1.5.1.1 und 5.1.5.1.2*

7. Pfandrecht an beweglichen Sachen

Georg Boll, Inhaber einer großen Münzhandlung, will bei Ihrem Kreditinstitut einen Kredit in Höhe von 50.000,00 Euro in Anspruch nehmen. Als Kreditsicherheit bietet er einige seiner wertvollen Münzen an, die zurzeit einen Schätzwert von etwa 60.000,00 Euro haben und die er jetzt nicht verkaufen möchte, weil er mit Wertsteigerungen rechnet.

a) Wie entsteht das Pfandrecht an den Münzen zugunsten Ihres Kreditinstituts?
b) Aus welchen Gründen bietet sich in diesem Fall eine Verpfändung der Münzen an?
c) Zählen Sie weitere Gegenstände auf, bei denen eine Verpfändung leicht durchzuführen ist.
d) Begründen Sie anhand von Beispielen, warum bestimmte bewegliche Sachen (insbesondere von Firmenkunden) für eine Verpfändung nicht infrage kommen.
e) Georg Boll ist nicht in der Lage, den Kredit vertragsgemäß zurückzuzahlen. Ihr Kreditinstitut will die Sicherheit verwerten. Beschreiben Sie die Durchführung der Pfandverwertung.

→ *5.1.5.4*

8. Pfandrecht an einem Sparguthaben

Brigitte Jäger möchte bei Ihrem Kreditinstitut ein privates Anschaffungsdarlehen aufnehmen, das durch die Verpfändung ihres Sparguthabens bei der Nassauischen Sparkasse Wiesbaden gesichert werden soll.

a) Wie entsteht das Pfandrecht für Ihr Kreditinstitut?
b) Prüfen Sie, ob die Übergabe des Sparbuchs erforderlich ist.
c) Wie kann sich Ihr Kreditinstitut aus dem Pfand befriedigen, wenn Brigitte Jäger ihren Verpflichtungen aus dem Kreditvertrag nicht nachkommt?
d) Die Kreditschuld von Brigitte Jäger beträgt einschließlich kapitalisierter Zinsen und Kosten 4.300,00 Euro, der Erlös aus der Kreditsicherheit 5.000,00 Euro. Wem steht die Differenz zu?
e) Die Forderung aus dem Sparguthaben hätte auch sicherungsweise abgetreten werden können. Welches Interesse könnte die Kreditnehmerin daran haben?

→ *5.1.5.4*

9. Sicherungsübereignung eines Lkw

Ihr Kreditinstitut lässt sich von der SpeedTrans-Spedition einen Lastkraftwagen sicherungsübereignen.

a) Wodurch erfolgt die „Individualisierung" des Sicherungsgutes?

b) Im Sicherungsübereignungsvertrag mit der SpeedTrans-Spedition heißt es u. a.:

> Der Sicherungsgeber versichert, dass er zur freien Verfügung über das Fahrzeug berechtigt ist, insbesondere, dass dieses nicht mit Eigentumsvorbehalten oder anderen Rechten Dritter belastet ist. Dem Sicherungsgeber ist bekannt, dass er zur Abgabe dieser Erklärung nicht berechtigt ist, wenn es sich um ein von dritter Stelle geliefertes Fahrzeug handelt und der Lieferant ausdrücklich oder in seinen allgemeinen Verkaufs-, Lieferungs- oder sonstigen Bedingungen den Übergang des Eigentums an dem Fahrzeug von dessen voller Bezahlung oder dem Ausgleich der laufenden Rechnung oder einem sonstigen Vorgang abhängig gemacht hat und dieser noch nicht eingetreten ist. Die Hingabe eines Wechsels oder Schecks gilt nicht als endgültige Zahlung, solange die Papiere nicht eingelöst sind.

Welche Bedeutung hat diese Vereinbarung für Ihr Kreditinstitut?

c) Warum lässt sich Ihr Kreditinstitut die Zulassungsbescheinigung Teil II übergeben?

d) Beurteilen Sie die nachfolgende Vereinbarung über die Versicherung des Lkw aus der Sicht Ihres Kreditinstituts:

> Der Sicherungsgeber ist verpflichtet, das Fahrzeug während der Dauer der Übereignung gegen Brand und Entwendung (Teilkasko) zu versichern. Auf Verlangen der Bank hat der Sicherungsgeber für das Fahrzeug eine Vollkasko-Versicherung mit ________ Euro Selbstbeteiligung zu unterhalten.
> Die aus dem Versicherungsverhältnis etwa zur Entstehung gelangenden Ersatzansprüche werden von dem Sicherungsgeber bereits hiermit an die Bank abgetreten. Die Versicherungsprämie wird nach wie vor von dem Sicherungsgeber bezahlt. Die Police ist der Bank von dem Sicherungsgeber vorzulegen und die Versicherungsgesellschaft davon in Kenntnis zu setzen, dass das Eigentum an dem versicherten Fahrzeug sowie sämtliche Rechte aus dem Versicherungsvertrag auf die Bank durch diesen Vertrag übergegangen sind. Der Bank ist ein vom Versicherer ausgestellter Sicherungsschein zu ihren Akten auszuhändigen.

Warum verlangt Ihr Kreditinstitut den Abschluss einer Vollkasko-Versicherung und die Abtretung der Versicherungsansprüche?

e) Der Sicherungsübereignungsvertrag verschafft Ihrem Kreditinstitut treuhänderisches Eigentum. Was bedeutet dies für das Verwertungsrecht Ihres Kreditinstituts?

f) Welche Pflicht ergibt sich für Ihr Kreditinstitut nach vertragsgemäßer Rückzahlung des Kredits?

→ 5.1.5.5

10. Mindestanforderungen an das Risikomanagement (MaRisk)

Die Mindestanforderungen der BaFin an das Risikomanagement verlangen von der Geschäftsleitung eines Kreditinstituts u. a. eine ordnungsgemäße Organisation des Kreditgeschäfts.

Nennen und erläutern Sie Anforderungen der MaRisk an eine sachgerechte Kreditorganisation. Grenzen Sie hierbei die Funktionsbereiche „Markt" und „Marktfolge" voneinander ab.

→ 5.1.3.1

5.2 Standardisierte Privatkredite

1. Kreditwürdigkeitsprüfung

Ihre Kundin Anna Mühlbauer äußerte in der vergangenen Woche den Wunsch, den eingeräumten Dispositionskredit um 5.000,00 Euro zu erhöhen. Daraufhin haben Sie zur Überprüfung der Kreditwürdigkeit neue Auskunftsunterlagen bei der SCHUFA angefordert. Die Unterlagen enthalten u. a. folgende Informationen:

SG 12.08. 2.420,00
SE 19.09. 2.865,00

a) Erklären Sie der Kundin die Eintragungen und nennen Sie ihr weitere mögliche Negativmerkmale.
b) Welche Rückschlüsse ziehen Sie aus der SCHUFA-Mitteilung hinsichtlich der persönlichen und der materiellen Kreditwürdigkeit der Kundin?
c) Nennen Sie weitere aussagekräftige Auskunftsquellen.
d) Entscheiden Sie über die gewünschte Krediterhöhung.

→ *5.2.2.2 und 5.2.3.3*

2. Verbraucherdarlehen

Das BGB unterscheidet bei den Verbraucherdarlehen zwischen Allgemein-Verbraucherdarlehen und Immobiliar-Verbraucherdarlehen.

Nehmen Sie eine Abgrenzung zwischen den beiden Arten von Verbraucherdarlehen vor.

→ *5.2.1*

3. Dispositionskredit

Ulrike Waldner (19), Auszubildende, hat vor vier Monaten bei Ihrem Kreditinstitut ein Girokonto eröffnet. Sie fragt an, ob ihr ein Dispositionskredit in Höhe von 1.000,00 Euro eingeräumt werden kann.

a) Welche Kriterien überprüfen Sie, um über die Kreditvergabe entscheiden zu können?
b) Unter welchen Voraussetzungen ist eine sofortige Einräumung des Dispositionskredits möglich?
c) Welche Formvorschriften müssen nach den BGB-Regelungen zum Verbraucherdarlehen bei einem Dispositionskredit beachtet werden?
d) Erläutern Sie der Kundin, unter welchen Voraussetzungen der Dispositionskredit gekündigt werden kann.
e) Welche Vorteile bietet der Dispositionskredit für die Kundin und für das Kreditinstitut? Erstellen Sie eine Übersicht.

→ *5.2.1 und 5.2.2.2*

4. Kontokorrentkredit für einen Privatkunden

Der technische Angestellte Erwin Axmann, langjähriger Kunde Ihres Kreditinstituts, benötigt für etwa 18 Monate einen Betrag von 10.000,00 Euro. Die bisherige Kontoführung und die Einkommensverhältnisse des Kunden lassen keinen Zweifel an seiner Kreditwürdigkeit aufkommen. Dem Kunden ist auf seinem Kontokorrentkonto bereits ein Dispositionskredit von 8.000,00 Euro eingeräumt worden, der zurzeit nicht in Anspruch genommen wird.
Sie bieten Herrn Axmann eine Erhöhung des Überziehungskredits auf 12.000,00 Euro an.

a) Nennen Sie die Vorteile dieser Kreditgewährung im Vergleich zu einem standardisierten Ratenkredit aus der Sicht des Kunden und des Kreditinstituts.
b) Über welche Angaben zum Überziehungskredit muss das Kreditinstitut den Kreditnehmer vor der Inanspruchnahme informieren?
c) Das Kontokorrentkonto Erwin Axmann soll zum 30. September abgerechnet werden. Der Kunde hat die eingeräumte Dispositionskreditlinie während der dreimonatigen Zinsperiode zweimal kurzfristig überzogen. Ihr Kreditinstitut hat folgende Zinszahlen ermittelt:
   # 8.464 für die Inanspruchnahme innerhalb des Limits
   # 346 für Überziehung des Limits
   Sollzinssatz für eingeräumten Überziehungskredit: 12 % p. a.
   Sollzinssatz für geduldete Überziehungen: 17 % p. a.
   Berechnen Sie die Zinsbelastung Wert 30.09.

→ *5.2.1 und 5.2.2.3.2*

5. Bürgschaft für einen Privatkundenkredit

Dirk Mäder, technischer Angestellter, ledig, hat bei Ihrem Kreditinstitut ein Darlehen in Höhe von 10.000,00 Euro in Anspruch genommen. Der Kredit soll in 12 Monaten getilgt werden. Als Sicherheit dient die Bürgschaft seines Freundes Martin Busch in Höhe von 10.000,00 Euro.

a) Wozu verpflichtet sich Martin Busch im Bürgschaftsvertrag?
b) Martin Busch ist der Meinung, dass es genügt, wenn er seine Bürgschaftsübernahme mündlich erklärt. Nehmen Sie dazu Stellung.
c) Was ist unter der Akzessorietät der Bürgschaft zu verstehen? Stellen Sie fest, ob und in welchem Umfang Martin Busch in folgenden Fällen Verpflichtungen gegenüber Ihrem Kreditinstitut hat:
   1. Das Darlehen ist gewährt, aber noch nicht in Anspruch genommen worden.
   2. Das Darlehen ist bis auf 7.000,00 Euro zurückgezahlt worden.
   3. Das Darlehen ist vollständig getilgt worden.
d) Im Bürgschaftsvertrag Ihres Kreditinstituts, den Martin Busch unterschrieben hat, wird die Einrede der Vorausklage des Bürgen ausgeschlossen. Wie wird eine solche Bürgschaft bezeichnet, und aus welchem Grund ist in den standardisierten Bürgschaftsverträgen aller Kreditinstitute eine solche Bürgschaft vorgesehen?
e) Dirk Mäder hat einige fällige Darlehensraten dadurch getilgt, dass er sein Girokonto entsprechend überzogen hat. Prüfen Sie, inwieweit der Bürge Martin Busch in diesem Falle Verpflichtungen gegenüber Ihrem Kreditinstitut hat.
f) Was geschieht mit der Forderung Ihres Kreditinstituts, wenn Martin Busch für den Hauptschuldner Dirk Mäder die Verbindlichkeiten zahlt?
g) Nachdem Dirk Mäder einige Monate die Raten für sein Darlehen pünktlich zurückgezahlt hat, ist er nicht mehr in der Lage, seinen Verpflichtungen nachzukommen. Die Restschuld beträgt 6.500,00 Euro. Sie fordern Martin Busch zur Zahlung dieses Betrages auf. Ist Martin Busch nach dem Gesetz verpflichtet, ohne Weiteres zu zahlen, wenn ihn Ihr Kreditinstitut dazu auffordert?

→ *5.1.5.2, 5.2.3.4 und 5.4.2.1.5*

6. Wertpapierkredit (Lombardkredit)

Anita Wendt möchte bei Ihrem Kreditinstitut einen Kontokorrentkredit aufnehmen und bietet als Sicherheit die Verpfändung ihres bei Ihrem Kreditinstitut geführten Wertpapierdepots an.

a) Warum wird in diesem Fall von einem „unechten" Lombardkredit gesprochen?
b) Frau Wendt hat in ihrem Depot folgende Wertpapiere:
   - 1.200 Stück Cetrea-Aktien, Kurs 37,40 Euro
   - 30.000,00 Euro nominal, 6,5 % Bundesanleihe, Kurs 98 %

   Ihr Kreditinstitut beleiht Aktien bis zu max. 60 % und Schuldverschreibungen bis zu max. 80 % des Kurswertes. Ermitteln Sie die Höhe des Kredits, der der Kundin zur Verfügung gestellt werden kann, wenn die maximalen Beleihungssätze Anwendung finden.
c) Der Kurs der Cetrea-Aktien ist auf 28,80 Euro gefallen. In welcher Höhe ist der Kredit an Anita Wendt ungesichert, wenn Ihr Kreditinstitut nach dem starken Kursverfall einen herabgesetzten Beleihungssatz von 50 % zugrunde legt?
d) Wie viele Cetrea-Aktien müsste die Kundin nach dem Kursrückgang bei einem Beleihungssatz von 50 % zusätzlich verpfänden?

→ **5.2.2.4**

7. Ratenkredit 1

Tom Krüger benötigt zum Kauf eines Neuwagens einen Ratenkredit in Höhe von 15.000,00 Euro. Er ist kaufmännischer Angestellter, 28 Jahre alt und verheiratet. Er gibt an, ein Monatsgehalt von 2.250,00 Euro netto zu beziehen.

a) Wonach beurteilen Sie die persönliche und die materielle Kreditwürdigkeit Ihres Kunden?
b) Tom Krüger nennt Ihnen auf Ihre Anfrage folgende laufenden Ausgaben pro Monat:

Miete/Strom/Nebenkosten	640,00 Euro
Kfz-Kosten	300,00 Euro
Versicherungsbeiträge	120,00 Euro
Vereinsbeiträge	60,00 Euro
Telefon/Internet	70,00 Euro
Lebenshaltungskosten	600,00 Euro

Welche Kreditlaufzeit empfehlen Sie Herrn Krüger aufgrund der aktuellen Konditionen der KundenkreditBank AG? Berücksichtigen Sie bei Ihrer Berechnung für unvorhergesehene Ausgaben noch einen Sicherheitsabschlag von 20 % des frei verfügbaren Einkommens.

Privatdarlehen der KundenkreditBank AG

Laufzeit/Monate	72 Mon.	60 Mon.	48 Mon.	36 Mon.	24 Mon.	12 Mon.
Effektiver Zinssatz p. a.	7,80 %	7,40 %	7,20 %	5,50 %	5,25 %	4,95 %
Kreditbetrag (Euro)	**Monatliche Belastung (Euro)**					
5.000,00	86,53	99,38	119,66	150,67	219,64	427,67
10.000,00	173,06	198,76	239,33	301,35	439,28	855,34
15.000,00	259,60	298,15	359,00	452,03	658,92	1.283,02
20.000,00	346,13	397,53	478,67	602,70	878,57	1.710,69
25.000,00	432,66	496,92	598,33	753,38	1.098,21	2.138,36

c) Die Kreditwürdigkeitsprüfung erbrachte ein positives Ergebnis. Sie gewähren Herrn Krüger den Kredit. Welche Mindestinhalte schreibt das BGB für den Kreditvertrag vor?
d) Warum empfiehlt die KundenkreditBank AG bei Ratenkrediten grundsätzlich den Abschluss einer Restschuldversicherung?

→ **5.2.1 und 5.2.3**

8. Ratenkredit 2

Anja Hildebrand, ledig, 26 Jahre, kaufmännische Angestellte, benötigt zum Kauf einer neuen Wohnungseinrichtung einen Kredit in Höhe von 10.000,00 Euro. In einer Anzeige einer Direktbank findet sie folgendes Kreditangebot:

- Privatdarlehen bis zu 25.000,00 Euro
- Laufzeit bis 72 Monate
- Sollzinssatz: 9 % fest
- Die Direktbank empfiehlt den Abschluss einer Restschuldversicherung.

Frau Hildebrand hat für sich ausgerechnet, dass sie für die Rückzahlung des Kredits monatlich höchstens 250,00 Euro aufbringen kann.

a) Ermitteln Sie die kürzestmögliche Laufzeit dieses Kredits, die dem Wunsch von Frau Hildebrand entspricht (Aufrundung auf volle Monate). Erstellen Sie außerdem für Frau Hildebrand einen Tilgungsplan, aus dem die Höhe der Monatsrate hervorgeht. Die Raten sollen auf volle Euro lauten. Die erste Rate ist die Ausgleichsrate.
b) Vor welchen Risiken schützt die Restschuldversicherung Frau Hildebrand?

→ *5.2.3*

9. Besicherung Ratenkredit 1
Klaus und Karin Becker möchten zur Finanzierung einer Weltreise mit einem Kreuzfahrtschiff einen Ratenkredit in Höhe von 20.000,00 Euro aufnehmen. Im Beratungsgespräch wird eine Einkommens- und Vermögensübersicht erstellt.

Einkommens- und Vermögensübersicht
- monatliches Nettogehalt von Herrn Becker: 2.300,00 Euro
  monatliches Nettogehalt von Frau Becker: 1.450,00 Euro
- Beide Arbeitgeber ermöglichen über den Jahresurlaub hinaus unbezahlten Urlaub.
- festverzinsliche Wertpapiere im Depot bei der kreditgebenden Bank: nominal 12.500,00 Euro
  Aktien: aktueller Kurswert 7.500,00 Euro
- Spareinlage bei einem fremden Kreditinstitut: 8.000,00 Euro
- Kapitallebensversicherung von Herrn Becker mit einem derzeitigen Rückkaufswert von 15.000,00 Euro
- Der Vater von Frau Becker wäre als Privatperson bereit, für den Kredit zu bürgen.

Entscheiden Sie sich für eine geeignete Besicherung des Ratenkredits unter Abwägung der Vor- und Nachteile der jeweiligen Sicherheiten.

→ *5.1.5 und 5.2.3.4*

10. Besicherung Ratenkredit 2

Volker Klingel hat bei Ihrer Bank einen Antrag für einen Ratenkredit über 12.000,00 Euro gestellt. Er möchte damit seine neue Wohnungseinrichtung finanzieren.

Da Volker Klingel ein langjähriger und zuverlässiger Kunde ist, verlangen Sie zur Sicherstellung des Kredits lediglich die Abtretung seiner Gehaltsansprüche. Da er noch nie zuvor einen Kredit aufgenommen hat, bittet Sie der Kunde um ergänzende Informationen.

a) Vervollständigen Sie das folgende Schaubild zur Sicherungsabtretung, indem Sie die fehlenden Fachbegriffe „Zessionar", „Zedent" und „Drittschuldner" einfügen.

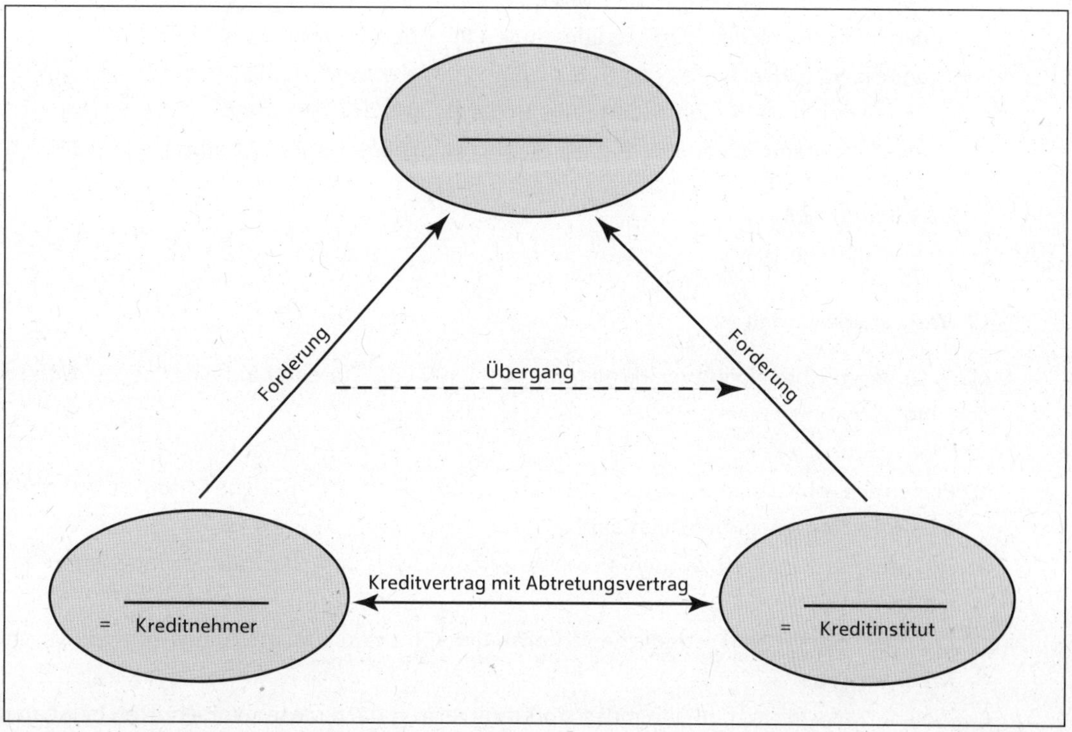

b) Beschreiben Sie dem Kunden das Entstehen einer Zession.
c) Stellen Sie dar, welche Risiken Ihr Kreditinstitut bei einer stillen Gehaltsabtretung eingeht und welche Schutzmaßnahmen möglich sind.
d) Warum wird trotz dieser Risiken in den meisten Fällen eine stille Zession vereinbart?

→ *5.1.5.3 und 5.2.3.4*

11. Besicherung Ratenkredit 3

Kreditinstitute lassen sich für Privatkredite Sicherheiten einräumen.

a) Begründen Sie, warum Kreditinstitute für Kredite besondere Sicherheiten von ihren Kunden verlangen.
b) Die am häufigsten bestellten Sicherheiten sind Bürgschaften, Abtretungen, Pfandrechte und – oft zusätzlich – Restschuldversicherungen. Beurteilen Sie diese Sicherheiten anhand folgender Kriterien:
   - Wertbeständigkeit
   - Verwertbarkeit
   - Aufwand für die Bestellung
   - Aufwand für die Überwachung
c) Erläutern Sie, warum der Gesetzgeber bei Bürgschaften von Privatpersonen die Schriftform vorschreibt.
d) Welche Bedeutung hat die Übergabe des Sparbuchs für eine wirksame Verpfändung?

e) Ermitteln Sie die Beleihungswerte für die Wertpapiere des Kunden Christian Schultz:
   - 50 Grundstoffchemie AG Aktien, Schlusskurs Xetra 56,69 Euro
   - 30 Anteile eines gemischten Investmentfonds, Rückkaufpreis 48,32 Euro
   - Bundesanleihen, Kurswert 5.000,00 Euro

Die Beleihungssätze betragen:
- Bundesanleihen 90 % des Kurswerts,
- verzinsliche Anleihen von Kreditinstituten 80 % des Kurswerts,
- andere Schuldverschreibungen bis zu 70 % des Kurswerts,
- an inländischen Börsen notierte Aktien bis zu 60 % des Kurswerts,
- Investmentanteile von Wertpapier-Fonds bis zu 60 % des Rückkaufpreises.

→ *5.1.5 und 5.2.3.4*

12. Verbraucherdarlehen

Klaus Huber möchte einen Privatkredit über 4.000,00 Euro für den Kauf einer neuen Wohnzimmereinrichtung aufnehmen.

a) Prüfen Sie, ob es sich bei diesem Kredit um ein Verbraucherdarlehen handelt, für das besondere BGB-Vorschriften zu beachten sind.
b) Aus welchen Gründen wurden besondere Regelungen zum Verbraucherdarlehen in das BGB eingefügt?
c) Erläutern Sie die vorvertraglichen Informationspflichten des Kreditinstituts vor Abschluss eines Kreditvertrags.
d) Welche wesentlichen Inhalte muss ein Kreditvertrag nach diesen Vorschriften beinhalten?
e) Welche Folgen entstehen für das Kreditinstitut, wenn wesentliche Angaben im Kreditvertrag fehlen?

→ *5.2.1*

13. Widerrufsrecht bei Verbraucherdarlehen

Bei Verbraucherdarlehen steht den Kreditnehmern ein zeitlich begrenztes Widerrufsrecht nach Abschluss des Darlehensvertrages zu.

Erläutern Sie bitte dieses Widerrufsrecht. Gehen Sie hierbei insbesondere auf die Widerrufsfrist, die Formvorschriften für die Erklärung des Widerrufs sowie die Widerrufsfolgen ein.

→ *5.2.1*

14. Studentenkredit

Johanna Leder, 19 Jahre alt, hat in diesem Jahr ihr Abitur gemacht und möchte zum Wintersemester mit einem Wirtschaftspädagogik-Studium an einer Universität beginnen. Da sie hierfür in eine größere Stadt umziehen muss und von ihren Eltern keine größere finanzielle Unterstützung erwarten kann, interessiert sie sich für einen Studentenkredit Ihres Kreditinstitutes.

a) Welche grundsätzlichen Unterschiede weist der Studentenkredit gegenüber einem Ratenkredit auf?
b) Welche Vorteile bietet ein Studentenkredit für Studierende?

→ *5.2*

5.3 *Baufinanzierungen*

1. Wohnimmobilienkreditrichtlinie

Durch die Umsetzung der EU-Wohnimmobilienkreditrichtlinie in deutsches Recht soll u. a. die Beratungsqualität bei Baufinanzierungen verbessert werden. Hierzu wurden insbesondere neue Informationspflichten für die Kreditinstitute eingeführt.

Nennen und erläutern Sie die wesentlichen Änderungen in der Baufinanzierungsberatung aufgrund der Umsetzung der EU-Wohnimmobilienkreditrichtlinie.

→ *5.2.1 und 5.3.3*

2. Beratung bei Baufinanzierungskrediten

Die Beratung bei Baufinanzierungskrediten hat sich bedingt durch die gesetzlichen Veränderungen aufgrund der Umsetzung der EU-Wohnimmobilienkreditrichtlinie (WIKR) deutlich geändert.
Erläutern Sie den Ablauf einer WIKR-konformen Baufinanzierungsberatung.

→ *5.2.1 und 5.3.3*

3. Baufinanzierung 1

Das Ehepaar Holger und Anja Köhler möchte ein Grundstück erwerben und darauf ein Einfamilienhaus errichten. In einer Selbstauskunft gibt das Ehepaar Köhler die folgenden Daten an:

Selbstauskunft		
	Holger Köhler	Anja Köhler
Geburtsdatum	25.06.1965	31.05.1968
Beruf	Einzelhandelskaufmann	Industriekauffrau
Arbeitgeber	Kaufhaus AG	Biotech GmbH
Beschäftigt seit	August 1989	Februar 2001
Nettoeinkünfte pro Monat	2.220,00 Euro	2.340,00 Euro
Freie Eigenmittel	85.000,00 Euro	
Monatliche Haushaltsausgaben	2.200,00 Euro	

Über das Bauvorhaben liegen folgende Daten vor:

Objektdaten	
Grundstücksgröße	430 m^2
Umbauter Raum	945 m^3
Grundstückspreis	285,00 Euro/m^2
Baukosten	365,00 Euro/m^3
Nebenkosten (Maklergebühr, Grunderwerbsteuer von 3,5 %, Gerichtskosten usw.)	38.000,00 Euro

a) Ermitteln Sie die gesamten Kosten für die Baumaßnahme einschließlich Grundstück.

b) Die Finanzierung soll unter Einbeziehung der vorhandenen Eigenmittel des Ehepaars in Form von zwei Annuitätendarlehen erfolgen. Ein erstrangig abgesicherter Realkredit in maximaler Höhe soll durch einen nachrangig gesicherten Personalkredit ergänzt werden. Die Wetterauer Sparkasse legt die Beleihungsgrenze für Realkredite entsprechend den Bestimmungen des Pfandbriefgesetzes auf 60 % fest.
Ermitteln Sie unter Berücksichtigung des reinen Bau- und Bodenwertes (aus Vereinfachungsgründen soll auf Risikoabschläge verzichtet werden) die Beleihungsgrenze für den Realkredit.

c) Wie hoch ist der Eigenkapitalanteil des Ehepaars Köhler am Objekt?
d) Errechnen Sie die Monatsraten für die beiden Baudarlehen und ermitteln Sie das frei verfügbare Einkommen des Ehepaars Köhler unter Berücksichtigung der monatlichen Haushaltsausgaben.

Konditionen Wetterauer Sparkasse		
Konditionen	Realkredit	Personalkredit
Sicherung	Erstrangig	Nachrangig
Sollzinsbindung	10 Jahre	6 Jahre
Sollzinssatz p. a. – nominal – effektiv	 3,95 % 4,35 %	 4,30 % 4,83 %
Auszahlung	100 %	100 %
Tilgung	1,5 %	2 %

→ *5.3.1*

4. Baufinanzierung 2

Melanie und Uwe Schneider, Nordhausen, haben ein Musterhaus der Baufirma Günther Bau GmbH besichtigt. Da die Eheleute beabsichtigen, ein solches Reihenhaus zu kaufen, haben Sie mit Ihnen für heute ein Beratungsgespräch vereinbart. Das Reihenhaus soll einschließlich Grundstück 270.000,00 Euro kosten. Die Wohnfläche des Reihenhauses beträgt 143 m², das Grundstück ist 380 m² groß.

Die Eheleute unterhalten bei Ihrem Kreditinstitut seit fünf Jahren ein Girokonto (Gemeinschaftskonto: Melanie und Uwe Schneider).

a) Sie bereiten sich auf das Beratungsgespräch vor. Nennen Sie fünf Unterlagen, die Ihnen bei der Vorbereitung wichtige Informationen liefern können.
b) Die Eheleute wollen das Reihenhaus von der Günther Bau GmbH erwerben, die als Bauträger für das Reihenhaus agiert. Sie möchten von Ihnen wissen, welche Kosten zusätzlich zum Kaufpreis beim Kauf dieser Immobilie anfallen. Nennen und erläutern Sie den Eheleuten kurz drei zusätzliche Kosten.
c) In Abteilung II des Grundbuchs ist eine Auflassungsvormerkung zugunsten der Günther Bau GmbH eingetragen. Erklären Sie die Bedeutung dieser Eintragung und beurteilen Sie die Auswirkungen auf den Beleihungswert des Grundstücks.
d) Nach Einsatz der Eigenmittel in Höhe von 52.000,00 Euro ergibt sich für die Eheleute Schneider ein Finanzierungsbedarf (inkl. Nebenkosten) von 245.000,00 Euro. Sie bieten den Eheleuten zur Finanzierung ein Annuitätendarlehen an. Für dieses Darlehen gelten die folgenden Konditionen:

<u>Annuitätendarlehen</u>	
Sollzinssatz	4,45 % p. a.
Sollzinsbindung für	10 Jahre
Anfängliche Tilgung	2,0 % p. a.
Auszahlung	100 %
Zins- und Tilgungsverrechnung	monatlich

Berechnen Sie für das Darlehensangebot die Zinszahlungen, Tilgungszahlungen und Ratenzahlungen (Annuität) für die ersten drei Monate.
e) Zum Abschluss möchten die Eheleute wissen, wann sie als Eigentümer in Abteilung I des Grundbuchs eingetragen werden. Beschreiben Sie den Ablauf, bis Melanie und Uwe Schneider als Eigentümer eingetragen sind. Gehen Sie dabei auch auf die zeitliche Dauer der erforderlichen Schritte ein.

→ *5.3.1, 5.3.4.2.3 und 5.3.4.3.1*

5. Baufinanzierung 3

Klaus Berg, seit vier Jahren Kunde der Sparkasse Wetterau, möchte ein Haus bauen, da bald das zweite Kind erwartet wird. Für den Hausbau benötigt die Familie ein Darlehen.

Aus dem Vorgespräch ist Folgendes bekannt:

– Baukosten einschließlich Baunebenkosten	220.000,00 Euro
– Grundstückskosten (540 m²; 180,00 Euro/m²)	97.200,00 Euro
– Von Ihnen errechneter Beleihungswert	230.000,00 Euro
– Zuteilungsreifer Bausparvertrag (Tarif Classic S1), Bausparsumme 100.000,00 Euro angespart (40 %)	40.000,00 Euro
– Fällige Sparguthaben	8.000,00 Euro
– Aktiendepot; aktueller Depotwert	23.000,00 Euro

Angebote der Sparkasse Wetterau:

Beleihungssatz 60 % (Realkredit):

10 Jahre fest	Auszahlung	100 %
	Sollzinssatz	3,84 % p. a./3,91 % p. a. effektiv
	Tilgung	1 % zzgl. ersparter Zinsen
15 Jahre fest	Auszahlung	100 %
	Sollzinssatz	4,17 % p. a./4,25 % p. a. effektiv
	Tilgung	1 % zzgl. ersparter Zinsen

Beleihungssatz 80 % (nachrangiger Personalkredit):

10 Jahre fest	Auszahlung	100 %
	Sollzinssatz	4,02 % p. a./4,09 % p. a. effektiv
	Tilgung	1 % zzgl. ersparter Zinsen
15 Jahre fest	Auszahlung	100 %
	Sollzinssatz	4,31 % p. a./4,39 % p. a. effektiv
	Tilgung	1 % zzgl. ersparter Zinsen

Auszug aus den Tarifen der Bausparkasse:

	CLASSIC S1	CLASSIC L1	VARIO E1	VARIO U1	VARIO R1
Darlehensphase					
Agio (%)	1	1	1	1	1
Zins- und Tilgungsbeitrag (‰ der BS)	4	4	8	4	4
Darlehenszins (% p. a.)	1,5	1,5	1,5	2,5	3,5

a) Klaus und Claudia Berg kennen die im Angebot genannten Begriffe „Realkredit“ und „nachrangiger Personalkredit“ nicht. Erläutern Sie diese Angaben.

b) Die Eheleute möchten neben den fälligen Sparguthaben und dem Erlös aus dem Depot auch den zuteilungsreifen Bausparvertrag in die Finanzierung einbinden. Ermitteln Sie den Eigenkapitalanteil der Familie Berg an dem Objekt (in Prozent auf zwei Stellen nach dem Komma).

c) Erstellen Sie einen Finanzierungsplan.

d) Das Ehepaar ist unsicher, welche Zinsvariante in der jetzigen Zinssituation für das Darlehen gewählt werden sollte. Beraten Sie die Eheleute Berg. Gehen Sie dabei auch auf die Tilgung sowie die Laufzeit des Darlehens ein (unter Berücksichtigung der angegebenen Zinsen und Vorschriften der Sparkasse Wetterau).

e) Ermitteln Sie die monatlichen Belastungen der Familie Berg aus den von Ihnen empfohlenen Baufinanzierungskrediten und dem Bauspardarlehen.

→ ***5.3.1 und 5.3.2***

6. Beleihungswertermittlung für ein Mehrfamilienwohnhaus

Im Rahmen der laufenden Kreditüberwachung wollen Sie den Beleihungswert eines von Ihrem Kreditinstitut beliehenen vermieteten Mehrfamilienhauses überprüfen. Zu dem Beleihungsobjekt liegen Ihnen folgende Informationen vor:

- Grundstücksgröße: 900 m^2
- Katasterrichtwert: 100,00 Euro/m^2
- Wohnfläche: 350 m^2
- ortsübliche Monatsmiete: 8,00 Euro/m^2
- Bewirtschaftungskosten: 30 %
- Kapitalisierungszinssatz: 6 %
- Kapitalisierungsfaktor bei einer Restnutzungsdauer von 40 Jahren: 15,05

a) Berechnen Sie den Beleihungswert nach dem Ertragswertverfahren.
b) Wie hoch ist der mögliche Beleihungsauslauf für einen Realkredit?

→ *5.3.1.4. und 5.3.2.11*

7. Finanzierungsbedarf für eine Eigentumswohnung

Holger Seybold, Kunde Ihres Kreditinstitutes, plant den Kauf einer neuen Eigentumswohnung. Folgende Daten sind bekannt:

- Wohnfläche: 72 m^2
- Festpreis gemäß Angebot der Bauunternehmung: 3.200,00 Euro je m^2, zuzüglich 18.000,00 Euro für Sonderausstattungen (Fußbodenheizung, Kachelofen)
- Tiefgaragenplatz: 16.000,00 Euro
- Nebenkosten: 7.600,00 Euro

Holger Seybold verfügt über folgende Eigenmittel:

- Festgeld über 60.000,00 Euro (davon sollen 15.000,00 Euro für Notfälle bestehen bleiben)
- Bausparvertrag über 100.000,00 Euro, angespart mit 40.000,00 Euro, Zuteilung wird in Kürze erwartet

Ermitteln Sie

a) die voraussichtlichen Gesamtkosten,
b) die Summe der erforderlichen Fremdmittel.

→ *5.3.1*

8. Tilgungsvereinbarungen

Hinsichtlich der Tilgungsvereinbarung für Darlehen wird zwischen Annuitätendarlehen, Tilgungsdarlehen und Festdarlehen unterschieden. Erläutern Sie die Unterschiede der genannten Tilgungsarten.

→ *5.3.2.1.2*

9. Bausparfinanzierung

Anita Hegemann, 24 Jahre alt, ledig, hat seit Beginn ihrer Berufsausbildung vermögenswirksame Leistungen und eigene Sparleistungen auf einen Bausparvertrag eingezahlt. Die Sparbeträge werden per Dauerauftrag immer am Monatsanfang eingezahlt. Sie möchte nun eine Eigentumswohnung erwerben und zur Finanzierung u. a. den Bausparvertrag einsetzen. Auf Anfrage teilt ihr die Deutsche Bauspar AG am 18. September 2021 folgende Daten mit:

Bausparübersicht	
Bausparsumme	50.000,00 Euro
Bausparguthaben	29.530,00 Euro
Sparzinssatz	2,50 % p. a.
Darlehenszinssatz	3,0 % p. a.
Mindestansparsumme	40 %
Mindestlaufzeit	36 Monate
Regelsparbeitrag	3 Promille der Bausparsumme pro Monat
Leistung nach Valutierung	6 Promille der Bausparsumme pro Monat
Zuteilung	30. Juni 2022
Vertragsabschluss	16. August 2011

a) Prüfen Sie, ob Frau Hegemann die Regelsparbeiträge in den kommenden Monaten weiter leisten muss, um bis zum 30. Juni 2022 die Mindestansparsumme erreicht zu haben. Begründen Sie Ihre Entscheidung.

b) Berechnen Sie für Frau Hegemann die monatliche Belastung nach der erfolgten Zuteilung des Bauspardarlehens.

c) Frau Hegemann hat für ihren Bausparvertrag in den vergangenen Jahren sowohl Arbeitnehmer-Sparzulagen als auch Wohnungsbau-Prämien erhalten. Welche Konsequenzen ergeben sich für Frau Hegemann im Hinblick auf die erhaltenen staatlichen Fördergelder, wenn sie nun durch die Inanspruchnahme des Bauspardarlehens den Bausparvertrag auflöst?

→ 5.3.2.2

10. Zwischenfinanzierung

Zur Finanzierung ihres Bauvorhabens haben Fritz und Christine Bahr bei ihrem Kreditinstitut folgende Kredite aufgenommen:

- Realkredit in Höhe von 120.000,00 Euro
- Darlehen zur Zwischenfinanzierung ihres Bausparvertrags in Höhe von 200.000,00 Euro

a) Wann liegt eine Zwischenfinanzierung eines Bausparvertrags vor?

b) Wie werden die Kredite des Kreditinstitutes gesichert?

c) Wie erfolgt die Rückzahlung des Darlehens über 200.000,00 Euro?

d) Erläutern Sie, ob für den Zwischenkredit auch ein anderer Darlehensgeber möglich wäre.

→ 5.3.2.2

11. Beleihungswertermittlungsverordnung

Bei grundpfandrechtlich gesicherten Forderungen, die zur Deckung von Hypothekenpfandbriefen verwendet werden, muss für die Bewertung der als Sicherheit dienenden Grundpfandrechte nach § 14 Pfandbriefgesetz ein Beleihungswert ermittelt werden.

a) Definieren Sie den Begriff „Beleihungswert“. Schlagen Sie dazu u. a. auch im Pfandbriefgesetz nach.

b) Welche Bedeutung hat der Beleihungswert?

c) Warum hat die Bundesanstalt für Finanzdienstleistungsaufsicht zusätzlich eine Beleihungswertermittlungsverordnung veröffentlicht? Erklären Sie kurz diesen Schritt.

d) Welche wichtigen Regelungen enthält die Beleihungswertermittlungsverordnung?

e) Welche Aspekte sollten bei der Beleihungswertermittlung einer vermieteten Gewerbeimmobilie berücksichtigt werden? Zählen Sie mindestens drei Aspekte auf.

f) Welche Aussagen müssen Beleihungswertgutachten enthalten?

→ 5.3.1.4

12. Ermittlung des Beleihungswerts

Die Eheleute Meier möchten auf ihrem bisher unbebauten Grundstück ein Einfamilienhaus errichten. Zur Finanzierung der Baumaßnahme beantragen sie ein Darlehen, das durch eine Grundschuld an der Immobilie gesichert werden soll.

Die Eheleute stellen Ihnen folgende Objektdaten zur Verfügung:
- Grundstücksgröße: 600 m^2
- Bodenrichtwert inklusive Erschließungskosten: 100,00 Euro pro m^2
- Nutzfläche: 140 m^2
- Herstellungskosten pro m^2 Nutzfläche: 1.400,00 Euro
- Baunebenkosten: 10 % der Herstellungskosten des Gebäudes nach Risikoabschlag

Nach den Regelungen der Arbeitsanweisung Ihres Kreditinstituts ist bei der Beleihungswertermittlung ein Risikoabschlag von 15 % der Herstellungskosten vorzunehmen.

Berechnen Sie
a) den Beleihungswert der Immobilie nach dem Abschlagsverfahren,
b) die Beleihungsgrenze für die Immobilie.

→ 5.3.1.4

13. Bestandteile und Zubehör des Grundstücks

Legen Sie für die Lösung der folgenden Aufgaben die §§ 93 bis 98 BGB zugrunde.

a) Wie definiert das BGB den Begriff „Gebäude“?
b) Klären Sie, ob es möglich ist,
   - Eigentümer eines Gebäudes zu sein, ohne das Eigentum am Grundstück zu haben,
   - Eigentümer von Waren zu sein, ohne das Eigentum an dem Fabrikgrundstück zu haben, auf dem die Waren lagern.
c) Auf einem Grundstück befinden sich
   - ein Wohnhaus,
   - eine Scheune,
   - Baumaterial, das für den Ausbau des Dachgeschosses bestimmt ist,
   - elektrische Gartenleuchten,
   - Obstbäume.

   Entscheiden Sie, ob es sich um Bestandteile oder um Zubehör des Grundstücks handelt.
d) Für den Dachgeschossausbau des Wohnhauses wurde ein Kredit aufgenommen und durch eine Grundschuld besichert. Prüfen Sie, ob die unter c) genannten Gegenstände dem Grundschuldgläubiger gegenüber haften.
e) Die Bau- und Bodenbank-AG hat den Eheleuten Stubel einen langfristigen Kredit zum Bau eines Einfamilienhauses gewährt und zur Sicherung eine Grundschuld in das Grundbuch eintragen lassen. Beim Bau des Hauses wird eine Heizungsanlage installiert, die von dem Heizungsbauunternehmen unter Eigentumsvorbehalt geliefert wird. Entscheiden Sie, ob der Eigentumsvorbehalt die Verwertung des Grundstücks behindert.
f) Im Grundbuchblatt des Münchner Inselhotels ist für die Süddeutsche Bodencreditbank AG ein Grundpfandrecht eingetragen worden. Das Hotel übereignet einige Monate später einen Teil des ihm gehörenden Inventars (Möbel und Geschirr) an die Bayerische Landesbank zur Absicherung eines Kontokorrentkredits. Welcher Gläubiger kann auf das Inventar zugreifen?

→ 5.3.4.1

14. Grundbuch: Aufbau

Ulrike Morbach möchte eine Eigentumswohnung erwerben. Vor dem Kauf hat sie sich die Grundbuchauszüge des Mehrfamilienhauses besorgt.

a) Nennen Sie zwei Gründe, warum das Grundbuch geführt wird.
b) Erläutern Sie Ulrike Morbach den Aufbau und Inhalt des Grundbuchs.
c) Erklären Sie Ulrike Morbach den öffentlichen Glauben des Grundbuchs.
d) Damit im Falle einer Zwangsversteigerung alle Ansprüche der Gläubiger in der richtigen Reihenfolge befriedigt werden, gilt für die Grundbucheinträge eine bestimmte Rangordnung. Beschreiben Sie Ulrike Morbach die gesetzliche Rangordnung des Grundbuchs.
e) Erläutern Sie, warum für Eigentumswohnungen ein besonderes Wohnungseigentumsgrundbuch geführt wird.
f) Stellen Sie die erforderlichen Schritte für die Eigentumsübertragung einer Immobilie bei Einschaltung eines Notar-Anderkontos dar.

→ *5.3.4.1 und 5.3.4.2*

15. Eintragungen in Abteilung II des Grundbuchs

Volker Janitz hat bei der Realkredit-Bank AG ein Darlehen zur Finanzierung eines bestehenden Einfamilienhauses beantragt, das durch eine Grundschuld gesichert werden soll. Volker Janitz möchte das Einfamilienhaus selbst nutzen. Im Grundbuch sind folgende Lasten und Beschränkungen eingetragen:

Grundbuchauszug für das Grundstück Blatt 7531

	II. Abteilung
Lfd. Nr.	**Lasten und Beschränkungen**
1	Der jeweilige Eigentümer des im Grundbuch von Hamburg, Blatt 7533 verzeichneten Grundstücks hat das Geh- und Fahrrecht am Grundstück Blatt 7531. Unter Bezugnahme auf die Bewilligung vom 26. Mai 1983 eingetragen am 15. Juli 1983
2	Die Deutsche Telekom AG hat das Recht, eine Mobilfunkantenne auf dem Grundstück zu unterhalten. Unter Bezugnahme auf die Bewilligung vom 18. Oktober 1999 eingetragen am 22. Dezember 1999
3	Lebenslanges unentgeltliches Wohnrecht für Heide Schneider, geb. 17. März 1942. Zur Löschung des Rechts genügt der Nachweis des Todes. Unter Bezugnahme auf die Bewilligung vom 16. Februar 2002 eingetragen am 25. April 2002
4	Heide Schneider, geb. 17. März 1942, hat das Recht auf eine lebenslängliche monatliche Geldzahlung von 500,00 Euro. Zur Löschung des Rechts genügt der Nachweis des Todes. Unter Bezugnahme auf die Bewilligung vom 16. Februar 2002 eingetragen am 25. April 2002

a) Erläutern Sie die vier Eintragungen in Abteilung II des Grundbuchs.
b) Welche Einträge müssen von Ihnen im Rahmen der Beleihungswertberechnung berücksichtigt werden, da sie sich wertmindernd auf das Grundstück auswirken? Begründen Sie Ihre Entscheidung.
c) Welche Möglichkeiten hat Volker Janitz, einen oder mehrere Einträge in Abteilung II löschen zu lassen? Erläutern Sie die Vorgehensweise in Stichworten.
d) Sie empfehlen Volker Janitz, sofort nach der notariellen Beurkundung des Kaufvertrags in Abteilung II des Grundbuchs eine Auflassungsvormerkung eintragen zu lassen. Warum ist die Eintragung der Auflassungsvormerkung für Volker Janitz sinnvoll?
e) Wodurch unterscheiden sich Auflassungsvormerkung und Auflassung? Erklären Sie die Unterschiede der beiden Grundbucheintragungen.

→ *5.3.4.3.2*

16. Verfahren bei Grundbucheintragungen

a) Welche Voraussetzungen müssen gegeben sein, damit vom Grundbuchamt eine Eintragung im Grundbuch vorgenommen wird?

b) Wer kann eine Eintragung beantragen?
c) Wer muss die Bewilligung erteilen:
   1) für die Übertragung des Eigentums an dem Grundstück,
   2) für die Bestellung einer Grundschuld als Kreditsicherheit,
   3) für die Löschung einer Hypothek?
d) Willenserklärungen, die im Zusammenhang mit Eintragungen oder Löschungen im Grundbuch abgegeben werden, unterliegen bestimmten Formvorschriften. Eine einfache schriftliche Erklärung genügt nicht. Prüfen Sie, in welcher Form
   - Eintragungsbewilligungen und
   - Grundstückskaufverträge

   erfolgen müssen. Warum bestehen diese strengen Formvorschriften?
e) Wann gilt eine Eintragung im Grundbuch als gelöscht?

→ *5.3.4.2.3*

17. Eintragungen im Grundbuch

Lesen Sie die Eintragungen der Grundbuchauszüge in „Wirtschaftslehre des Kreditwesens“ (Bestellnummer 30357), 55. Auflage im Abschnitt 5.3.4.2.2.

a) Wer ist aktuell Eigentümer der Flurstücke 47/55 und 47/56?
b) In Abteilung III ist eine Grundschuld eingetragen. Erklären Sie, wodurch sich Grundschuld und Hypothek unterscheiden.
c) Welche Rangfolge ergibt sich für die in Abteilung II und Abteilung III eingetragenen Rechte?

→ *5.3.4.2 bis 5.3.4.4*

18. Grundschuld als Kreditsicherungsmittel

Die Eheleute Klaus und Erika Linde haben bei der Sparkasse Neubeuren ein Darlehen in Höhe von 75.000,00 Euro beantragt, das für ein Umbauvorhaben an ihrem Einfamilienhaus verwendet werden soll. Zur Sicherung des Darlehens soll eine Grundschuld in gleicher Höhe zulasten des Grundstücks der Eheleute Linde dienen.

a) Aus welchen Gründen nehmen Kreditinstitute gern Grundpfandrechte als Kreditsicherungsmittel?
b) Beschreiben Sie, wie erreicht werden kann, dass die Sparkasse Neubeuren die Grundschuld nicht beliebig verwenden kann, sondern dass sie treuhänderisch an das Darlehen gebunden ist.
c) In der Grundschuldbestellungsurkunde wird ein Zinssatz von 15 % genannt, im Darlehensvertrag der Sparkasse heißt es, dass die vereinbarten Zinssätze maßgebend sind. Erläutern Sie, welcher Zinssatz für die Zinsforderungen der Sparkasse gegen die Kreditnehmer maßgebend ist.

→ *5.3.4.3*

19. Grundschuldbestellung

Die Eheleute Jutta und Oliver Stange beantragen ein Darlehen über 220.000,00 Euro zum Erwerb eines Einfamilienhauses. Als Sicherheit bietet sich die Eintragung einer Grundschuld oder Hypothek an.

Die Beleihungswertberechnung hat ergeben, dass das Grundstück und das zu erwerbende Einfamilienhaus einen Beleihungswert von 285.000,00 Euro haben. Der Beleihungssatz beträgt bei Baufinanzierungskrediten bis zu 100 %.

Die kreditgebende Paulaner Bank AG in München legt dem Ehepaar Stange eine Grundschuldbestelungsurkunde vor, die u. a. folgende Textpassagen enthält:

II. Grundschuldbestellung
Der Eigentümer bestellt zugunsten der Paulaner Bank AG in München (im Folgenden „Gläubigerin" genannt) an dem in Abschnitt I beschriebenen Pfandbesitz eine Grundschuld ohne Brief in Höhe von

Euro 220.000,00 (in Worten: zweihundertzwanzigtausend Euro).

Die Grundschuld ist vom heutigen Tage an mit 12 v. H. jährlich zu verzinsen.

III. Dingliche Zwangsvollstreckungsunterwerfung
Wegen des Grundschuldkapitals und der Zinsen unterwirft sich der Eigentümer der sofortigen Zwangsvollstreckung in der Weise, dass die Zwangsvollstreckung aus dieser Urkunde gegen den jeweiligen Eigentümer des Pfandbesitzes zulässig sein soll.

a) Aus der Grundschuldurkunde ist der dingliche Zins in Höhe von 12% zu entnehmen. Warum ist die Grundschuld mit 12% jährlich zu verzinsen, obwohl der aktuelle Darlehenszins deutlich niedriger liegt?
b) Was bedeutet die „dingliche Zwangsvollstreckungsunterwerfung"?
c) Neben dem Kreditvertrag und der Grundschuldbestellung müssen die Eheleute eine Zweckerklärung für die oben genannte Grundschuld anerkennen. Erklären Sie dem Ehepaar die Notwendigkeit der Zweckerklärung.
d) Herr und Frau Stange bitten Sie, ihnen einen Zins- und Tilgungsvorschlag zu unterbreiten. Das Kreditinstitut bietet folgende Konditionen an:

Sollzins 3,8 % p. a.	10-jährige Zinsfestschreibung
Tilgung 1,5 % p. a.	zzgl. ersparter Zinsen in vierteljährlichen, gleichbleibenden Annuitäten, sofortige Tilgungsverrechnung
Auszahlung 100 %	in einer Summe am 01.04.

Erstellen Sie einen Tilgungsplan für das erste Jahr und ermitteln Sie die Höhe des Restdarlehens nach dem ersten Jahr der Kreditlaufzeit. Die Zinsen sind kaufmännisch auf zwei Nachkommastellen zu runden.

→ *5.3.2.1.2 und 5.3.4.3.3*

20. Geltendmachung von Grundpfandrechten

Ein Grundstück soll zwangsversteigert werden. Im Grundbuch sind folgende Rechte eingetragen:

Abt. II:	Reallast (Kapitalisierter Wert: 150.000,00 Euro) am 01.04.2002
Abt. III:	1. Grundschuld 120.000,00 Euro am 20.05.2002
	2. Grundschuld 130.000,00 Euro am 02.07.2003

Ergebnis der Zwangsversteigerung: 300.000,00 Euro
a) Mit welchen Beträgen werden die Gläubiger befriedigt?
b) Welche Reihenfolge würde sich für die Verteilung der Erlöse aus der Zwangsversteigerung ergeben, wenn zwischen dem Berechtigten aus der Reallast und den beiden Grundschuldgläubigern eine Rangänderung zugunsten der Grundschuldgläubiger vereinbart und im Grundbuch eingetragen wäre?
c) Wie werden die Interessen eines nachrangigen Gläubigers geschützt?

→ *5.3.4.4*

21. Verkehrshypothek als Kreditsicherungsmittel

a) Friedrich und Marianne Berger haben bei der Stadtsparkasse Brünn für eine Verkehrshypothek über 150.000,00 Euro zum 31. Dezember 2020 18.950,00 Euro an Tilgungen geleistet.
   (1) Warum beträgt der dingliche Anspruch aus der Hypothek nur noch 131.050,00 Euro, obwohl die Hypothek mit 150.000,00 Euro im Grundbuch eingetragen ist?
   (2) Wer wäre im Streitfall für die Höhe des dinglichen Anspruchs beweispflichtig?
b) Anne und Jörg Kolbe wollen bei der Kreditbank AG einen Kontokorrentkredit in Anspruch nehmen und bieten als Kreditsicherheit die Eintragung einer Verkehrshypothek über 120.000,00 Euro an.
   (1) Zeigen Sie anhand des folgenden Beispiels, warum eine bei Kreditinanspruchnahme eingeräumte Verkehrshypothek als Sicherheit ungeeignet ist.

	Valuta	**Kontoumsätze** (in Euro)
Kreditinanspruchnahme	01.03.	120.000,00 Euro Soll
Überweisungseingang	20.03.	32.000,00 Euro Haben
Scheckeinlösung	30.03.	10.000,00 Euro Soll
Quartalsabschluss	30.03.	98.000,00 Euro Soll

   (2) Aus welchem Grund verlangt die Kreditbank zur Sicherung des Kontokorrentkredits die Eintragung einer Grundschuld?
   (3) Warum eignet sich die Verkehrshypothek nur zur Sicherung von Darlehen?

→ 5.3.4.3.3

5.4 *Firmenkredite*

1. Kreditwürdigkeitsprüfung: Jahresabschlussanalyse Norbert Schrammer AG

Die Norbert Schrammer AG, ein mittelständisches Maschinenbauunternehmen, plant den Neubau einer Produktionshalle. Claudia Schrammer, Vorstandsvorsitzende der AG, hat im heutigen Beratungsgespräch angefragt, ob die Bank den Bau der neuen Produktionshalle durch einen Kredit in Höhe von 18 Mio. Euro finanzieren kann. Claudia Schrammer hat Ihnen die Jahresabschlüsse der letzten drei Jahre zum Beratungsgespräch mitgebracht.

Führen Sie anhand der vorgelegten Jahresabschlüsse eine Kreditwürdigkeitsprüfung (Jahresabschlussanalyse) für die Norbert Schrammer AG durch. Gehen Sie dabei davon aus, dass der Bilanzgewinn vollständig an die Aktionäre ausgeschüttet wird.

a) Wie können Sie feststellen, ob die Norbert Schrammer AG kreditfähig ist?
b) Welche weiteren Unterlagen benötigen Sie zur Prüfung der materiellen Kreditwürdigkeit von der Norbert Schrammer AG?
c) Die Umsatzerlöse der Norbert Schrammer AG haben sich in den letzten drei Jahren jeweils erhöht. Wie hat sich unter diesem Gesichtspunkt die Umsatzrentabilität entwickelt?
d) Der Vorstand möchte mit der Produktionserweiterung die Marktposition der AG stärken. Außerdem strebt der Vorstand eine höhere Eigenkapitalrentabilität von ca. 15 % an. Wie hat sich nach der Vorstandsentscheidung die Eigenkapitalrentabilität verändert?
e) Aufgrund der Geschäftsausweitung und des damit verbundenen gestiegenen Kapitalbedarfs hat das Unternehmen im letzten Jahr eine Kapitalerhöhung um 500.000,00 Euro gegen Einlagen vorgenommen. Wie hat sich die Eigenkapitalquote der AG entwickelt? Die durchschnittliche Eigenkapitalquote vergleichbarer Unternehmen beträgt 30 %.
f) Überprüfen Sie, ob bei der Norbert Schrammer AG der Anlagendeckungsgrad II den Anforderungen, die an eine frist- und risikogerechte Finanzierung gestellt werden, gerecht wird. Machen Sie gegebenenfalls Vorschläge zur Beseitigung einer Deckungslücke.

g) Aufgrund der steigenden Zahl an Unternehmensinsolvenzen scheint die Finanz- und Liquiditätslage einiger Unternehmen stark angespannt zu sein. Wie haben sich unter diesen Gesichtspunkten die Kennziffern zur Bar-Liquidität sowie zur einzugsbedingten und umsatzbedingten Liquidität verändert? Entsprechen die errechneten Werte der Norbert Schrammer AG den an Industrieunternehmen zu stellenden Ansprüchen?

h) Ist die Norbert Schrammer AG in der Lage, liquide Mittel aus dem gewöhnlichen Geschäftsbetrieb heraus zu erwirtschaften? Ermitteln Sie den Cashflow für die Geschäftsjahre 2018 bis 2020.

i) Beurteilen Sie abschließend die Gesamtentwicklung der AG. Wo sehen Sie noch Risiken?

Bilanz der Norbert Schrammer AG in Tausend Euro per 31.12.

Aktiva ***Passiva***

	2018	2019	2020		2018	2019	2020
A. Anlagevermögen				A. Eigenkapital			
1. Grundstücke, Gebäude	5.800	6.300	6.300	1. Gezeichnetes Kapital	2.500	2.500	3.000
2. Inventar, Maschinen	5.950	6.120	7.570	2. Rücklagen	4.950	4.950	5.250
				3. Bilanzgewinn/ Verlustvortrag	−950	−370	550
B. Umlaufvermögen				B. Rückstellungen	850	820	880
1. Roh-, Hilfs-, Betriebsstoffe	3.400	4.100	4.840	davon Pensions-			
2. Unfertige Erzeugnisse	4.100	4.300	3.450	rückstellungen	300	320	340
3. Fertige Erzeugnisse	4.490	5.200	5.700	C. Verbindlichkeiten			
4. Forderungen aus Lieferungen und Leistungen	4.730	4.080	4.560	1. Langfristige Verbindlichk.	13.500	14.200	14.100
				2. Kurzfristige Bankverbindlichkeiten	5.450	4.900	5.750
5. Kassenbestand, Bankguthaben	710	650	1.360	3. Verbindlichkeiten aus Lieferungen und Leistungen	2.880	3.750	4.250
	29.180	30.750	33.780		29.180	30.750	33.780

Hinweis: Der Bilanzgewinn 2020 wird ausgeschüttet.

Gewinn- und Verlustrechnung der Norbert Schrammer AG in Tausend Euro

	2018	2019	2020
1. Umsatzerlöse	32.120	33.230	39.850
2. Erhöhung/Verminderung des Bestandes an fertigen und unfertigen Erzeugnissen	−980	+3.440	+1.970
3. Andere aktivierte Eigenleistungen	0	0	0
4. Gesamtleistung	31.140	36.670	41.820
5. Sonstige betriebliche Erträge	10	20	30
6. Materialaufwand	−12.540	−14.100	−16.430
7. Personalaufwand	−13.150	−16.550	−17.800
8. Abschreibungen	−1.920	−1.410	−1.850
9. Sonstige betriebliche Aufwendungen	−3.610	−3.000	−2.850
10. Zinsaufwendungen	−1.520	−1.350	−1.240
11. Ergebnis der gewöhnlichen Geschäftstätigkeit	−1.590	280	1.680
12. Außerordentliche Erträge	1.800	80	20
13. Außerordentliche Aufwendungen	−950	−500	−120
14. Steuern	−210	−230	−730
15. Jahresüberschuss/Jahresfehlbetrag	−950	−370	850
16. Einstellung in die Rücklagen	0	0	−300
17. Bilanzgewinn/Verlustvortrag	−950	−370	550

→ 5.4.2.1.4

2. Erhöhung einer Kreditlinie

Die Walther GmbH ist ein mittelständisches Unternehmen. Geschäftszweck des Unternehmens ist der Vertrieb von Baustoffen und der Verleih von Baumaschinen. Die GmbH ist seit über 10 Jahren Kunde der Procredit AG. Die vorhandenen Kredite betragen zurzeit:

- Kontokorrentlinie 500.000,00 Euro zu 9,5 %,
- Tilgungsdarlehen 2.000.000,00 Euro zu 6,4 %, derzeit noch mit 1.650.000,00 Euro valutierend.

Beide Kredite sind vollwertig besichert.

a) Vor dem anstehenden Jahresgespräch mit dem Firmenkundenberater der Procredit AG hat Herrmann Walther, Geschäftsführer der GmbH, den aktuellen Jahresabschluss eingereicht. Beurteilen Sie die Situation der Walther GmbH.
   (1) Ermitteln Sie folgende Kennzahlen
   - zur Rentabilität: Eigenkapitalrentabilität, Gesamtkapitalrentabilität, Umsatzrentabilität
   - zur Vermögens- und Kapitalstruktur: Anlagendeckung, Eigenmittelquote, Verschuldungsgrad, Nettoverschuldung
   - zur Liquidität: Cashflow, Verschuldungsgrad in Jahren

   (2) Vergleichen Sie die Zahlen mit den Vorjahreszahlen und beurteilen Sie die Entwicklung.

b) Das Darlehen wurde in der Vergangenheit ordnungsgemäß bedient. In den letzten zwei Jahren wurde zunehmend der Kontokorrentkredit beansprucht. Herr Walther möchte die Kontokorrentlinie vorsorglich um 500.000,00 Euro erhöhen, u. a. um Lieferantenskonti besser nutzen zu können. Als Sicherheiten bietet Herr Walther an:
   - Baukran, 3 Jahre alt, Verkehrswert etwa 110.000,00 Euro
   - Persönliches Wertpapierdepot von Herrn Walther, aktueller Kurswert 900.000,00 Euro (60 % Rentenfonds, 40 % DAX-Werte)
   - Grundpfandrecht auf die private Immobilie des Gesellschaftergeschäftsführers. Die Immobilie hat einen Verkehrswert von 700.000,00 Euro. Vorlasten sind nicht eingetragen.

   (1) Stellen Sie die Vor- und Nachteile der angebotenen Sicherheiten und ihre Eignung für den gewünschten Kredit dar.

   (2) Erstellen Sie eine Präferenzliste, welche Sicherheiten die Procredit AG ggf. wählen sollte.

c) Treffen Sie unter Berücksichtigung der vorhandenen Informationen eine Kreditentscheidung. Begründen Sie Ihre Entscheidung.

Bilanzen der Walther GmbH

Aktiva — **Bilanz zum 31.12. des letzten Geschäftsjahrs** — Passiva

Aktiva	Tsd. Euro	Passiva		Tsd. Euro
A. Anlagevermögen		**A. Eigenkapital**		3.800,00
1. Grundstücke und Gebäude	950,00			
2. Maschinen und maschinelle Anlagen	1.900,00	**B. Rückstellungen**		250,00
3. Betriebs- und Geschäftsausstattung	600,00			
		C. Verbindlichkeiten		
B. Umlaufvermögen		1. Verbindlichkeiten gegenüber		
1. Roh-, Hilfs- und Betriebsstoffe	1.100,00	Kreditinstituten		1.980,00
2. Fertige Erzeugnisse und Waren	2.000,00	davon		
3. Forderungen aus Lieferungen		Laufzeit bis 1 Jahr	330,00	
und Leistungen	730,00	Laufzeit über 4 Jahre	1.650,00	
4. Bankguthaben, Schecks, Kasse	300,00	2. Verbindlichkeiten aus Lieferungen		
5. Sonstige Forderungen	170,00	und Leistungen		700,00
		3. Sonstige Verbindlichkeiten		20,00
	6.750,00			6.750,00

Die Rückstellungen sind als langfristig anzusehen.

Bilanz zum 31.12. des vorletzten Geschäftsjahrs

Aktiva	Tsd. Euro	Passiva		Tsd. Euro
A. Anlagevermögen		**A. Eigenkapital**		3.500,00
1. Grundstücke und Gebäude	1.200,00			
2. Maschinen und maschinelle Anlagen	2.100,00	**B. Rückstellungen**		450,00
3. Betriebs- und Geschäftsausstattung	400,00			
		C. Verbindlichkeiten		
B. Umlaufvermögen		1. Verbindlichkeiten gegenüber		
1. Roh-, Hilfs- und Betriebsstoffe	1.200,00	Kreditinstituten		3.700,00
2. Fertige Erzeugnisse und Waren	2.600,00	davon		
3. Forderungen aus Lieferungen		Laufzeit bis 1 Jahr	1.700,00	
und Leistungen	900,00	Laufzeit über 4 Jahre	2.000,00	
4. Bankguthaben, Schecks, Kasse	200,00	2. Verbindlichkeiten aus Lieferungen		
5. Sonstige Forderungen	100,00	und Leistungen		1.020,00
		3. Sonstige Verbindlichkeiten		30,00
	8.700,00			8.700,00

Gewinn- und Verlustrechnungen der Walther GmbH

Gewinn- und Verlustrechnung letztes Geschäftsjahr	Tsd. Euro
Umsatzerlöse	9.000,00
Bestandsveränderungen	−200,00
Sonstige betriebliche Erträge	600,00
Materialaufwand	5.200,00
Personalaufwand	1.200,00
Abschreibungen	550,00
Sonstige betriebliche Aufwendungen	1.250,00
Betriebsergebnis	**1.200,00**
Zinsen und ähnliche Erträge	30,00
Zinsen und ähnliche Aufwendungen	290,00
Ergebnis der gewöhnlichen Geschäftstätigkeit	**940,00**
Außerordentliche Aufwendungen	30,00
Außerordentlicher Ertrag	0,00
Steuern vom Einkommen/Ertrag	155,00
Sonstige Steuern	23,00
Jahresüberschuss	**732,00**

Gewinn- und Verlustrechnung vorletztes Geschäftsjahr	Tsd. Euro
Umsatzerlöse	8.500,00
Bestandsveränderungen	300,00
Sonstige betriebliche Erträge	800,00
Materialaufwand	5.700,00
Personalaufwand	1.050,00
Abschreibungen	550,00
Sonstige betriebliche Aufwendungen	1.200,00
Betriebsergebnis	**1.100,00**
Zinsen und ähnliche Erträge	20,00
Zinsen und ähnliche Aufwendungen	290,00
Ergebnis der gewöhnlichen Geschäftstätigkeit	**790,00**
Außerordentliche Aufwendungen	30,00
Außerordentlicher Ertrag	0,00
Steuern vom Einkommen/Ertrag	120,00
Sonstige Steuern	20,00
Jahresüberschuss	**620,00**

→ ***5.1.5.4, 5.1.5.5, 5.4.2.1.4 und 5.4.2.1.5***

3. Arten des Kontokorrentkredits

Nach dem Verwendungszweck lassen sich verschiedene Arten von Kontokorrentkrediten unterscheiden.

a) Nennen und erläutern Sie die Ihnen bekannten Arten von Kontokorrentkrediten.
b) Ein aktives Termingeld kann eine Alternative zu einem Kontokorrentkredit sein. Was versteht man unter einem aktiven Termingeld und welche Vorteile ergeben sich aus Sicht des Kunden?

→ *5.4.2.1.2*

4. Kontokorrentkredit

Die Mobilia Polstermöbelfabrik GmbH unterhält seit mehreren Jahren bei Ihrem Kreditinstitut ein Kontokorrentkonto, auf dem ein Betriebsmittelkredit in Höhe von 120.000,00 Euro eingeräumt worden ist.

a) Wozu dient der Kontokorrentkredit dem Unternehmen und wie wird er zurückgeführt?
b) Die Mobilia Polstermöbelfabrik will die Finanzierung der Beschaffung von drei neuen Maschinen über das Kontokorrentkonto abwickeln und bittet aus diesem Grunde, das Kreditlimit um 45.000,00 Euro zu erhöhen. Nehmen Sie dazu Stellung.
c) Warum rechnet Ihr Kreditinstitut das Kontokorrentkonto der Mobilia Polstermöbelfabrik monatlich ab?
d) In welchen Fällen stellt Ihr Kreditinstitut Firmenkunden neben den Sollzinsen ggf. eine Überziehungsprovision in Rechnung?

→ *5.4.2.1*

5. Entscheidung über eine Kreditinanspruchnahme

Die Steinbach GmbH möchte für eine Rechnung über 234.000,00 Euro 2 % Lieferantenskonto für 90 Tage ausnutzen und dazu die bestehende Kreditlinie bei der Stadtsparkasse in Anspruch nehmen. Prüfen Sie, ob diese Entscheidung der Steinbach GmbH einen Vorteil bringt. Kontokorrentzins 7,5 %.

→ *5.4.2.1.3*

6. Abrechnung eines Kontokorrentkontos 1

Das Kontokorrentkonto der Maschinenfabrik Zellmann GmbH, Chemnitz, ist abzurechnen.

Buchungsdatum	Vorgang	Betrag in Euro	Wertstellung
01.06.	Saldovortrag	182.000,00 S	31.05.
03.06.	Überweisung	42.000,00 H	03.06
05.06.	Scheck	75.000,00 S	05.06.
09.06.	Bar	10.000,00 S	08.06.
11.06.	Lastschrift	26.000,00 S	11.06.
12.06.	Überweisung	88.000,00 H	12.06
16.06.	Scheckeinzug	120.000,00 H	17.06.
18.06.	Überweisung	92.000,00 H	18.06.
21.06.	Überweisung	98.000,00 S	21.06.
22.06.	Scheck	54.000,00 S	22.06.
24.06.	Lastschrift	164.000,00 S	23.06.
27.06.	Übertrag von Festgeldkonto	200.000,00 H	28.06.

– Abrechnungszeitraum: Juni
– Konditionen:
Kreditlimit: 200.000,00 Euro

Sollzinsen: 8 % p. a., Überziehungsprovision: 4 % p. a.
Habenzinsen: 0,5 % p. a.,
Preis der Kontoführung: 0,50 Euro je Buchungsposten

→ *5.4.2.1.3 und 2.5.2*

7. Abrechnung eines Kontokorrentkontos 2

Das Kundenkonto der Agentur Branner & Partner bei der Volksbank Lönneberg eG ist für den Monat August abzurechnen.

Buchungsdatum	Vorgang	Betrag in Euro	Wertstellung
01.08.	Saldovortrag (Soll)	12.400,00	31.07.
02.08.	Bareinzahlung	8.700,00	01.08.
05.08.	Scheckbelastung	13.300.00	05.08.
07.08.	Lastschriftbelastung	4.100,00	07.08.
08.08.	Überweisungsgutschrift	2.200,00	08.08.
09.08.	Scheckgutschrift E. v.	20.000,00	09.08.
12.08.	Überweisungseingang	5.000,00	12.08.
15.08.	Scheckeinreichung	4.800,00	16.08.
18.08.	Barabhebung	2.500,00	17.08.
20.08.	Überweisungsausgang	22.000,00	20.08.
22.08.	Scheckbelastung	11.400,00	22.08.
23.08.	Lastschriftbelastung	2.900,00	23.08.
25.08.	Scheckgutschrift E. v.	12.500,00	25.08.
29.08.	Überweisungseingang	4.800,00	29.08.

Konditionen:
Kreditlimit: 25.000,00 Euro
Sollzinsen: 9 % p. a., Überziehungsprovision: 5 % p. a.
Habenzinsen: 0,6 % p. a.
Preis der Kontoführung: Grundpreis 20,00 Euro zuzüglich 0,30 Euro je Buchungsposten

→ *5.4.2.1.3 und 2.5.2*

8. Betriebsmittelkredit

Volker Beisel, Kfz-Meister und langjähriger Kunde Ihres Kreditinstituts, möchte sich selbstständig machen und eine ARAL-Tankstelle übernehmen. Die Tankstelle wurde gerade nach den neuesten Auflagen umgebaut und liegt an der Ausfallstraße einer Stadt mit 16.000 Einwohnern.
Volker Beisel legt Ihnen folgende Unterlagen vor:

1. Vertrag mit ARAL:
   Bankbürgschaft für Mineralöllieferungen über 100.000,00 Euro wird verlangt.
2. Investitionsplanung:
   Einrichtung Shop 40.000,00 Euro
   Einrichtung Werkstatt 45.000,00 Euro
3. Jahresabschlüsse 2019 und 2020 des Vorgängers (GmbH):
   In beiden Jahren wurde ein Verlust in Höhe von 10.000,00 Euro ausgewiesen.
   Das Geschäftsführergehalt belief sich auf 60.000,00 Euro, die weiteren Personalkosten betrugen 45.000,00 Euro.

Volker Beisel ist Eigentümer eines Einfamilienhauses, das teilweise über Ihr Kreditinstitut finanziert wurde:

Kontoverbindung:	Girokonto	2.875,00 Euro Haben	Limit 5.000,00 Euro
	Sparkonto	6.000,00 Euro	
	Darlehen (Haus)	78.400,00 Euro, ursprünglich 220.000,00 Euro	

Der Beleihungswert der Immobilie wurde mit 320.000,00 Euro festgesetzt.

Beraten Sie Volker Beisel.

a) Erstellen Sie einen Finanzierungsplan.
b) Welche weiteren Unterlagen fordern Sie für die Kreditentscheidung an?
c) Wie kann die Besicherung des gewünschten Kredits erfolgen? Unterbreiten Sie einen Vorschlag.
d) Bereiten Sie die Kreditentscheidung vor. Erstellen Sie einen Kreditbeschluss mit Ihrem Votum.

→ **5.4.2 und 5.4.3**

9. Kreditsicherheiten

Ein Kunde möchte sein Kreditlimit von 4,5 auf 5 Mio. Euro erhöhen lassen.
Welche Bilanzpositionen können geeignete Sicherheiten enthalten?

Aktiva — Bilanz 31.12.20.. — Passiva

		Euro				Euro
A.	Anlagevermögen		A.	Eigenkapital		5.000.000,00
1.	Grundstücke und Gebäude	2.300.000,00	B.	Rückstellungen		800.000,00
2.	Maschinen und technische Anlagen	4.560.000,00				
3.	Betriebs- und Geschäftsausstattung	899.200,00	C.	Verbindlichkeiten		
B.	Umlaufvermögen		1.	Verbindlichkeiten gegenüber Kreditinstituten		4.930.200,00
1.1.	Roh-, Hilfs- und Betriebsstoffe	4.200.500,00		davon bis zu einem Jahr Laufzeit	4.430.200,00	
1.2.	Fertige Erzeugnisse und Waren	5.300.000,00		davon über 4 Jahre Laufzeit	500.000,00	
2.	Forderungen aus Lieferungen und Leistungen	5.980.400,00	2.	Verbindlichkeiten aus Lieferungen und Leistungen		12.310.760,00
3.	Bankguthaben, Schecks, Kassenbestand	920.860,00	3.	Sonstige Verbindlichkeiten		1.120.000,00
	Bilanzsumme	24.160.960,00		Bilanzsumme		24.160.960,00

→ **5.4.2.1.5**

10. Kreditsicherung: Bürgschaft

Ihr Kunde Heiko Marten ist Gesellschafter der SpeedTrans OHG. Zur Erweiterung des Fuhrparks möchte die SpeedTrans OHG einen neuen Transporter erwerben, der durch einen Investitionskredit mit einer Laufzeit von drei Jahren finanziert werden soll. Der Kaufpreis beträgt 45.000,00 Euro. Zur Besicherung des Kredits bietet Ihnen Heiko Marten neben der Sicherungsübereignung des Transporters eine Bürgschaft seines Steuerberaters Gerrit Schneider in Höhe von 30.000,00 Euro an.

a) Was müssen Sie bei der Bürgschaft des Steuerberaters beachten?
b) Für den Fall, dass die Bürgschaft des Steuerberaters nicht ausreichen sollte, ist Heiko Marten bereit, selbst für diesen Kredit zu bürgen. Warum lehnen Sie dieses Angebot ab?

→ **5.1.5.2 und 5.4.2.1.5**

11. Kreditsicherung: Sicherungsabtretung

Um die laufenden Rohstoffeinkäufe der Maschinenfabrik Stefan Franzmann e. Kfm. finanzieren zu können, ist die MainhattanBank AG bereit, Stefan Franzmann einen Betriebsmittelkredit in Höhe von 150.000,00 Euro einzuräumen.

Zur Sicherung des Kredits wird mit dem Kreditnehmer ein Zessionsvertrag abgeschlossen:

> *„Die Maschinenfabrik Stefan Franzmann e.Kfm. (Kreditnehmer) tritt alle ihr zustehenden gegenwärtigen und zukünftigen Forderungen gegenüber den Kunden in den Postleitzahlgebieten 30000 bis 40000 an die MainhattanBank AG (Kreditgeber) ab.*
> *Die Abtretung erfolgt sicherungshalber, nicht an Erfüllung statt.*
> *Der Kreditnehmer versichert, dass er über die Forderungen uneingeschränkt verfügungsberechtigt ist.*
> *Die beigelegte Abtretungserklärung wird den Kunden vorläufig nicht zugestellt."*

a) Welche Zessionsarten werden durch diesen Zessionsvertrag vereinbart?
b) Nennen Sie die typischen Merkmale dieser Zessionsarten.
c) Welcher Textteil begründet den fiduziarischen Charakter der Zession, und welche Bedeutung hat dies für das Kreditinstitut und den Kreditnehmer?
d) Welche Risiken muss die MainhattanBank AG bei dieser Kreditbesicherung berücksichtigen, und wie kann sie versuchen, diese Risiken zu mindern?

→ **5.1.5.3 und 5.4.2.1.5**

12. Kreditsicherung: Sicherungsübereignung von Waren

Die Sanitärgroßhandlung Ludwig & Co., Chemnitz, schließt mit der Mitteldeutschen Kreditbank AG einen Raumsicherungsvertrag ab. Zur Sicherung aller Ansprüche aus der gesamten Geschäftsverbindung überträgt die Sanitärgroßhandlung alle Waren, die in einem näher bezeichneten Sicherungsraum gelagert sind oder während der Dauer der Geschäftsverbindung dorthin verbracht werden (Raumsicherungsvertrag). Der Sicherungsraum ist in einem dem Kreditvertrag beigefügten Lageplan rot umrandet worden. Der Sicherungsgeber ist Mieter des Sicherungsraumes. Bei der Mitteldeutschen Kreditbank AG wurde ein Dauerauftrag für die Zahlung der Miete für den Lagerraum eingerichtet. Die Wertuntergrenze gemäß den Bedingungen der Sicherungsübereignung soll 150.000,00 Euro auf Basis der Einkaufspreise betragen.

Das als Anlage beigefügte Bestandsverzeichnis weist folgende Warenbestände aus:

Warenbestand	Einkaufspreis Euro/Stück
100 WC-Becken	220,00
50 Bidet-Becken	180,00
200 Handwaschbecken	270,00
100 Handwaschbecken	190,00
100 Badewannen	480,00

a) Wie hoch kann das Kreditlimit auf dem Kontokorrentkonto der Sanitärgroßhandlung aufgrund des aktuellen Warenbestandes maximal sein, wenn der Sicherheitsabschlag bei der Bewertung der Waren 25 % beträgt (Aufrundung auf volle 5.000,00 Euro)?
b) Warum ist die Sanitärgroßhandlung verpflichtet, der Bank monatliche Bestandsmeldungen zu geben?
c) Der Kreditnehmer ist zum Verkauf der Waren aus diesem Lager berechtigt. Welche Ersatzsicherheit steht Ihrem Kreditinstitut zu, falls der Lagerraum nicht sofort wieder aufgefüllt wird?

d) Stellen Sie die Risiken zusammen, die sich für Ihr Kreditinstitut aus dieser Sicherungsübereignung ergeben könnten.
e) Welche Auswirkungen haben Eigentumsvorbehalte auf Sicherungsübereignungen?
f) Wie kann ein Kreditinstitut feststellen, ob Eigentumsvorbehalte für Sicherungsgegenstände bestehen?

→ *5.1.5.5 und 5.4.2.1.5*

13. Wechselkredit

Die Brunata Großhandels GmbH hat mit einem Teil ihrer Abnehmer „Zahlung der Lieferungen gegen Drei-Monats-Akzept“ vereinbart. Im Rahmen eines Kreditvertrages mit Ihrem Kreditinstitut wird festgelegt, dass die Brunata GmbH Handelswechsel bis zu einem Limit von 75.000,00 Euro zur Gutschrift auf dem Kontokorrentkonto einreichen kann.

a) Erläutern Sie, welche Vorteile die Akzepte der Einzelhändler im Vergleich zur Gewährung eines offenen Zahlungsziels haben.
b) Auch die Möglichkeit, die Wechsel bei Ihrem Kreditinstitut diskontieren zu lassen, bedeutet Vorteile für die Brunata GmbH. Stellen Sie diese Vorteile dar.
c) Inwiefern handelt es sich bei der Diskontierung von Wechseln um eine Kreditgewährung?
d) Welches Recht behält sich Ihr Kreditinstitut im Kreditvertrag vor?
e) Die Brunata GmbH reicht bei Ihrem Kreditinstitut mehrere Wechsel zum Diskont ein. Vor dem Ankauf der Wechsel werden von Ihrem Kreditinstitut geprüft:
   - Ausnutzung der Diskontlinie
   - Sachliche und formelle Ordnungsmäßigkeit der Wechsel
   - Bonität der Bezogenen

   Beschreiben Sie kurz diese Prüfungsvorgänge.

→ *5.4.2.2*

14. Akzeptkredit

Die IMMEX GmbH importiert Holz aus Finnland im Wert von 300.000,00 Euro. Laut Vertrag ist bei Schiffsankunft Zahlung zu leisten. Die Ware ist bereits weiterverkauft. Um die Zielgewährung an die eigenen Kunden zu finanzieren, nimmt die IMMEX GmbH bei der Hamburger Sparkasse einen Akzeptkredit auf. Die IMMEX GmbH erhält folgendes Schreiben der Sparkasse:

> Sehr geehrte Damen und Herren,
>
> wir beziehen uns auf das gestern mit Ihnen geführte Gespräch und stellen Ihnen hiermit einen Akzeptkredit in Höhe von 300.000,00 Euro (in Worten: Dreihunderttausend Euro), den wir bis zum 30. September 20.. befristen, zur Verfügung.
>
> Für den Kredit berechnen wir
> - Akzeptprovision: 3,0 % p. a.
> - Zinsen: 7,5 % p. a.
>
> Der Kredit dient der Importfinanzierung bereits durchgehandelter Ware. Die Forderungen aus dem Weiterverkauf treten Sie hiermit an uns ab.

> Wir überreichen Ihnen als Anlage drei vorbereitete Wechsel über je 100.000,00 Euro, fällig am 30. September 20.., mit der Bitte, uns diese mit Ihrer Ausstellerunterschrift und Ihrem Blankoindossament versehen zurückzugeben.
>
> Den Diskonterlös werden wir Ihrem Kontokorrentkonto 459 226 gutschreiben. Sie verpflichten sich, den Betrag von 300.000,00 Euro spätestens am 29. September 20.. auf Ihrem Konto bereitzustellen.
>
> Mit freundlichen Grüßen
> Hamburger Sparkasse

a) Welche Verpflichtungen ergeben sich aus diesem Vertrag für die IMMEX GmbH?
b) Nennen Sie die Beteiligten bei den im Rahmen der Kreditzusage gezogenen Wechseln. Begründen Sie, warum die Sparkasse nur an Kunden mit unzweifelhafter Bonität Akzeptkredite gewährt.
c) Nennen Sie die Art der Leistung, die die Hamburger Sparkasse bereitstellt.
d) Erläutern Sie, inwiefern es sich in diesem Fall um die Finanzierung eines „self-liquidating“-Warengeschäfts handelt.

→ 5.4.2.3

15. Avalkredit

Das Bauunternehmen Klaus Straßburg KG hat im Auftrag der Nordbau GmbH die Altbausanierung eines Geschäftshauses in der Innenstadt vorgenommen. Nach Fertigstellung der Arbeiten zahlt die Nordbau GmbH 95 % der Rechnungssumme. Sie will 5 % als Sicherheit einbehalten und erst nach zwei Jahren überweisen, wenn sich herausgestellt hat, dass die Bauarbeiten einwandfrei (ohne Mängel) ausgeführt worden sind. Eine sofortige Zahlung des Restbetrags macht die Nordbau GmbH von der Stellung eines Bankavals abhängig. Ihr Kreditinstitut gewährt dem Bauunternehmen den Kredit.

a) Worin besteht bei diesem Kredit die Leistung Ihres Kreditinstituts?
b) Was stellt Ihr Kreditinstitut dem Bauunternehmen zur Verfügung?
c) Welche Kreditkosten entstehen dem Bauunternehmen aus dem Avalkredit?
d) Warum wird die Verpflichtung Ihres Kreditinstitutes in der Bilanz auf der Passivseite „unter dem Strich“ ausgewiesen?
e) Wie erfüllt Ihr Kreditinstitut die übernommene Verpflichtung, falls es aus diesem Aval in Anspruch genommen wird?

→ 5.4.2.4

16. Investitionskredit

Das Logistikunternehmen Schwabenexpress GmbH hat zwei Gabelstapler im Wert von je 24.500,00 Euro inkl. MwSt. von der Linde AG in Wiesbaden erworben. Die Gabelstapler sollen durch einen Investitionskredit der Karlsruher Volksbank eG finanziert werden.

Kreditkonditionen der Karlsruher Volksbank eG

Kreditart	Sollzinssatz	Tilgung	Laufzeit
Investitionskredit (Tilgungsdarlehen)	8,35 % p. a.	25 % jährlich, eine Kreditrate pro Jahr	4 Jahre

Der Kaufvertrag über die Gabelstapler wird am 15.10. abgeschlossen, die Lieferung erfolgt am 20.11. Der Kaufvertrag enthält u. a. folgenden Textabschnitt:

„Der Rechnungsbetrag ist fällig innerhalb von 60 Tagen nach Lieferung der Ware. Bei Zahlung innerhalb von 15 Tagen gewähren wir 2 % Skonto."

a) Berechnen Sie den Vorteil der Skontoausnutzung in Euro gegenüber der Zahlung am Ende des Zahlungsziels. Verwenden Sie bei der Berechnung die deutsche kaufmännische Zinsmethode. Die Rechnung über 49.000,00 Euro wird am letzten Tag der Skontofrist bezahlt.
b) Beurteilen Sie, ob die neu erworbenen Gabelstapler der Karlsruher Volksbank als Sicherheit dienen können.

→ **5.1.5.5, 5.4.2.1.5 und 5.4.3**

5.5 Notleidende Kredite

1. Notleidender Ratenkredit 1

Die Volksbank Müritz eG erhält folgenden Brief:

> *Sehr geehrte Damen und Herren,*
>
> *ich habe bei Ihnen vor zwei Jahren einen Ratenkredit in Höhe von 10.000,00 Euro mit 48 Monaten Laufzeit aufgenommen. Bisher habe ich die monatlichen Raten von 250,00 Euro regelmäßig gezahlt. Da mein Arbeitgeber mir jedoch zum Monatsende gekündigt hat, befürchte ich, dass ich beim Bezug von Arbeitslosengeld Probleme bei der Bezahlung der Raten bekommen könnte. Ich bitte Sie daher kurzfristig um einen Gesprächstermin. Ich bin fest überzeugt, dass ich schnell wieder Arbeit finde. Daher möchte ich vermeiden, dass mein Vater als Bürge in Anspruch genommen wird.*
>
> *Mit freundlichen Grüßen*
> *Klaus Hinze*

a) Erarbeiten Sie mögliche Lösungsansätze, die Sie im Gespräch anbieten können.
b) Welche Möglichkeiten hat das Kreditinstitut, seine Forderungen durchzusetzen, wenn ein Kreditnehmer seine Zahlungsverpflichtungen nicht erfüllt?
c) Erläutern Sie den Ablauf des gerichtlichen Mahnverfahrens.

→ **5.5.2 und 5.5.3**

2. Notleidender Ratenkredit 2

Von der Abteilung Kreditrisikomanagement haben Sie heute den Hinweis erhalten, dass Ihr Kunde Thomas Meister seit zwei Monaten keine Raten mehr für das gewährte Anschaffungsdarlehen gezahlt hat.
Thomas Meister hatte das Darlehen in Höhe von 8.000,00 Euro vor zehn Monaten gegen Abtretung seiner Gehaltsansprüche aufgenommen. Die Laufzeit war mit 36 Monaten vereinbart worden. Neben dem Darlehenskonto besteht aktuell noch ein Sparkonto mit einem Guthaben von 1.384,00 Euro.

a) Wie gehen Sie vor?
b) Unter welchen Voraussetzungen kann das Kreditinstitut den Kredit kündigen und fällig stellen? Welche Kosten kann das Kreditinstitut in diesem Zusammenhang geltend machen?
c) Thomas Meister kann die fällige Restschuld nicht vollständig zurückzahlen. Wie gehen Sie vor, um den fälligen Betrag einzutreiben?
d) Erläutern Sie, welche Sicherheiten Sie verwerten und auf welche rechtliche Grundlagen Sie sich dabei stützen können.

→ *5.2.3.4, 5.2.3.5 und 5.5.3*

3. Notleidender Betriebsmittelkredit 1

Die Norbert Hahne GmbH besteht seit fast 30 Jahren als mittelständisches Familienunternehmen. Geschäftszweck ist der Vertrieb medizinischer Sportgeräte.

Bankverbindung der Norbert Hahne GmbH ist die Gewerbebank AG. Es besteht ein Betriebsmittelkredit (Kontokorrentkredit) in Höhe von 400.000,00 Euro und ein Darlehen von 200.000,00 Euro für eine im letzten Jahr erbaute Lagerhalle. Der Kontokorrentkredit ist voll beansprucht. Das Darlehen ist voll valutiert. Als Sicherheiten stehen zur Verfügung:

- Sicherungsübereignung des Warenlagers,
- 200.000,00 Euro Gesellschafterbürgschaft des geschäftsführenden Gesellschafters Norbert Hahne,
- 200.000,00 Euro Grundschuld auf dem Betriebsgrundstück.

Eine vor einigen Monaten beantragte Erhöhung der Kreditlinie um 100.000,00 Euro zur Überbrückung schleppender Forderungseingänge war von der Gewerbebank AG abgelehnt worden. Kurzfristig wurde jedoch eine Überziehung von 32.000,00 Euro zugelassen, damit eine fällige Verbindlichkeit bezahlt werden konnte. Als zusätzliche Sicherheit wurde hierfür eine Globalzession für Forderungen an mehrere, namentlich benannte größere Kunden vereinbart.

Nachdem ein wichtiger Kunde der Norbert Hahne GmbH die Zahlungen eingestellt hat, ist die GmbH nicht mehr in der Lage, ihre Zahlungsverpflichtungen zu erfüllen.

a) Welche Ursachen haben die Zahlungsschwierigkeiten der Norbert Hahne GmbH?
b) Wie beurteilen Sie eine Kreditausweitung zur Abwendung einer Insolvenz?
c) Welche Handlungsalternativen hat die Gewerbebank AG?
d) Unter welchen Voraussetzungen kann ein Insolvenzverfahren eröffnet werden?
e) Welche Auswirkungen hat ein Insolvenzverfahren für die Kreditsicherheiten?
f) Welche Aufgaben hat die Kreditüberwachung der Kreditinstitute?
g) Nennen Sie Anzeichen einer Kreditgefährdung.

→ *5.5.2, 5.5.4 und 5.5.5*

4. Notleidender Betriebsmittelkredit 2

Ihr Kreditinstitut hat vor einem Jahr der Kunau AG, Zulieferer von Kunststoffteilen für die Automobilindustrie, einen Betriebsmittelkredit über 230.000,00 Euro auf dem Kontokorrentkonto eingeräumt.

Der Kredit hat eine Laufzeit von vier Jahren und wurde nach einer positiven Kreditwürdigkeitsprüfung und aufgrund folgender Sicherheiten gewährt:

- Sicherungsübereignung von zwei Spezialindustrierobotern, Wert 65.000,00 Euro
- Stille Globalzession von Forderungen gegenüber den Automobilherstellern, Mindestforderungsbestand 140.000,00 Euro
- Eintragung einer Sicherungsgrundschuld zulasten des Firmengrundstücks 90.000,00 Euro

Der Beleihungswert des Grundstücks ist für die Eintragung der Grundschuld ausreichend gewesen (Beleihungssatz: 80 %). Die Grundschuld wurde zusammen mit einer Zwangsvollstreckungsklausel eingetragen.

Sie sind als Firmenkundenbetreuer für die Überwachung des Kreditengagements der Kunau AG verantwortlich.

a) Warum ist eine laufende Kreditüberwachung erforderlich?
b) Welche Sachverhalte umfasst die Kreditüberwachung und welche Maßnahmen müssen zur Überwachung dieser Sachverhalte ergriffen werden? Nennen Sie die zu überprüfenden Sachverhalte und erläutern Sie die damit verbundenen Maßnahmen.
c) Nachdem Sie im ersten Jahr der Kreditlaufzeit bei dem Kunden keine Probleme festgestellt haben, sind Ihnen in den letzten Wochen einige Vorgänge aufgefallen, die zu einer Gefährdung dieses Kreditengagements führen könnten:
   - Das Kreditlimit wird häufiger überschritten,
   - der Mindestforderungsbestand wird nicht mehr erreicht,
   - bei den abgetretenen Forderungen sind Ausfälle zu beobachten.

   Welche Maßnahmen werden Sie in diesem Stadium zunächst ergreifen? Erläutern Sie mögliche Maßnahmen.
d) Nach weiteren zwei Monaten intensiver Überwachung des Engagements und nach Gesprächen mit dem Vorstand der Kunau AG steht für Sie fest, dass der Kredit in naher Zukunft notleidend werden wird. Die Kreditforderung gegen die Kunau AG wird höchstwahrscheinlich zu einem großen Teil ausfallen.
   Welche Maßnahmen wird Ihr Kreditinstitut bei dieser konkreten Kreditgefährdung treffen? Erläutern Sie, wie Sie das Kreditengagement beenden und wie Sie die Kreditsicherheiten verwerten können.
e) Nur eine Woche, nachdem Sie die Maßnahmen zur Sicherung Ihrer Kreditforderung eingeleitet, aber noch keine Sicherheiten verwertet haben, informiert Sie der Vorstand der Kunau AG, dass er beim zuständigen Amtsgericht Insolvenz beantragt hat.
   Wie kann sich Ihr Kreditinstitut jetzt noch aus den hereingenommenen Kreditsicherheiten befriedigen?

→ **5.5.2 und 5.5.5**

5. Mahnverfahren

Die Raiffeisenbank Börde eG will mit gerichtlicher Hilfe eine fällige Kreditforderung in Höhe von 4.785,00 Euro gegen den technischen Angestellten Ralph Suhrmann, wohnhaft in Helmstedt, eintreiben.

a) Die Bank will den Erlass eines Mahnbescheids beantragen. Welches Gericht ist zuständig?
b) Welchen Zweck verfolgt die Bank mit der Einleitung des gerichtlichen Mahnverfahrens?
c) Welche Folgen ergeben sich, wenn Ralph Suhrmann zwei Wochen nach Zustellung des Mahnbescheids weder gezahlt noch Widerspruch eingelegt hat?
d) Welches Gericht wäre zuständig, wenn Ihr Kreditinstitut sofort ein Klageverfahren angestrengt hätte?

→ **5.5.3**

5.6 *Leasing und Factoring*

1. Pkw-Leasing 1

Julia Robert ist leitende kaufmännische Angestellte eines großen Dienstleistungsunternehmens. Sie plant den Kauf eines neuen Geländewagens, um am Wochenende und im Urlaub die Berge besser erkunden zu können.

Bezüglich der Finanzierung hat sie an Leasing gedacht, da sie sich voraussichtlich in drei Jahren wieder ein neues Auto kaufen möchte. Sie hat dazu ein Leasingangebot eines Händlers eingeholt. Da sie mit dem Pkw-Leasing jedoch keine Erfahrung hat, bittet sie um Beratung.

a) Nennen Sie Vorteile einer Leasing-Finanzierung im Vergleich zur Aufnahme eines Ratenkredits.
b) Stellen Sie der Kundin auch die Nachteile dar.
c) Erklären Sie Frau Robert, aus welchen Komponenten sich die Höhe der monatlichen Leasingrate zusammensetzt.
d) Verdeutlichen Sie der Kundin die Konsequenzen, wenn der kalkulierte Restwert zu hoch oder zu niedrig angesetzt wurde.
e) Erläutern Sie Frau Robert, was bei Ablauf des Leasingvertrags zu beachten ist.

→ *5.6.1 und 5.6.1.4*

2. Pkw-Leasing 2

Der technische Kaufmann Martin Wolf braucht für private Zwecke einen neuen Wagen, nachdem sein 16 Jahre altes Auto nicht mehr durch den TÜV gekommen ist. Er möchte gern einen Neuwagen anschaffen. Der Mondina-Autohändler legt ihm zwei Angebote der Mondina Finanzierungs- und Leasinggesellschaft für den Kleinwagen Athena vor.

Finanzierungsangebot	
Fahrzeugtyp:	Athena, 90 PS Sportausstattung
Kaufpreis:	16.872,63 Euro
Laufzeit:	36 Monate
Anzahlung:	2.699,62 Euro
Sollzins (nom.):	8,90 % p. a.
Zinsen:	2.414,81 Euro
monatl. Rate:	535,76 Euro

Leasingangebot	
Fahrzeugtyp:	Athena, 90 PS Sportausstattung
Kaufpreis:	16.872,63 Euro
Laufzeit:	36 Monate
Sonderzahlung:	2.556,46 Euro
Laufleistung:	40.000 km
garantierter Restwert:	58,93 %
Leasingfaktor:	1,84 %
monatl. Rate:	263,42 Euro

a) Erläutern Sie Herrn Wolf die Unterschiede und Gemeinsamkeiten des Pkw-Leasing und der Pkw-Finanzierung.
b) Welche Bedeutung hat die Sonderzahlung beim Leasing bzw. die Anzahlung bei der Finanzierung?
c) Erläutern Sie Herrn Wolf, was der Leasingfaktor bedeutet und welche Faktoren ihn bestimmen.
d) Herr Wolf entscheidet sich für das Pkw-Leasing.
Welche Prüfungen wird die Mondina Finanzierungs- und Leasinggesellschaft durchführen?

e) Im Falle der Pkw-Finanzierung hat Martin Wolf das Gebrauchtwagenrisiko zu tragen.
Nehmen Sie an, dass er den Gebrauchtwagen nach 36 Monaten zu den folgenden Preisen verkaufen kann:
(1) 9.943,04 Euro
(2) 10.320,00 Euro
(3) 8.990,00 Euro
Ermitteln Sie die für das Auto in den 36 Monaten entstandenen Nutzungskosten im Falle der Finanzierung und vergleichen Sie diese mit den Nutzungskosten im Falle des Leasing.

→ *5.6.1, 5.6.1.3 und 5.6.1.5*

3. Leasingverträge

Bei den Leasingverträgen wird insbesondere zwischen Vollamortisationsverträgen und Teilamortisationsverträgen unterschieden.

Grenzen Sie die beiden Vertragsarten voneinander ab.

→ *5.6.1.3*

4. Factoring

Die Möhring-Vertriebs-GmbH, ein dynamisches Unternehmen mit ständig steigenden Umsätzen, hat einen erhöhten Liquiditätsbedarf. Da einerseits die Kreditlinien bei der Hausbank der GmbH weitgehend ausgeschöpft sind, andererseits erhebliche Forderungsbestände vorhanden sind, empfiehlt die Bank ihrem Kunden, die Möglichkeiten des Factorings bei einem Finanzierungsinstitut auszunutzen. Die Möhring-Vertriebs-GmbH schließt mit der CEMAC-Factoring GmbH einen Factoring-Vertrag.

a) Welche Vertragsart liegt dem Factoring zugrunde?
b) Unterscheiden Sie das Factoring und die Sicherungszession unter vier Gesichtspunkten.
c) Erläutern Sie die Finanzierungsfunktion und die Delkrederefunktion des Factorings.
d) Nennen Sie die Vorteile und Nachteile des Factorings.
e) Was ist unter Forfaitierung zu verstehen?

→ *5.6.2*

6 Auslandsgeschäfte der Kreditinstitute

6.1 Grundlagen des Auslandsgeschäfts

1. Risiken im Außenwirtschaftsverkehr

Josef Hildebrand, Geschäftsführer der Flextex GmbH, hat eine günstige Bezugsquelle für Hemden und Blusen in Indien gefunden. Er ist aber von der Bonität des Lieferanten nicht ganz überzeugt.

a) Welche Risiken können für Herrn Hildebrand bei diesem Importgeschäft auftreten?
b) Welche Absicherungsmöglichkeiten können Sie ihm anbieten, damit seine Risiken reduziert oder sogar ausgeschlossen werden?

→ *6.1.2, 6.1.3.3, 6.4*

2. Außenhandelsgeschäfte 1

Die Kötztinger Druckmaschinen AG schließt mit der Minolta Print Inc. in Tokio den auszugsweise abgebildeten Kontrakt ab. Die Unternehmen unterhalten bereits seit vier Jahren intensive Geschäftsbeziehungen. Sie haben schon mehrere Großprojekte zur gegenseitigen Zufriedenheit abgewickelt.

Kaufvertrag (Auszug):

Kaufvertrag-Nr. 1815 Vier Druckmaschinen/Artikelnummer: PM 3492-403	
Verkäufer	**Käufer**
Kötztinger Druckmaschinen AG	Minolta Print Inc.
Industriestraße 11	P. O. Box 54926
93479 Kötzting/Deutschland	1523 Tokio/Japan
Gesamtpreis:	639.000,00 USD
Lieferungsbedingung:	FOB Bremen
Liefertermin:	frühestens 25. Mai spätestens 31. Juli
Zahlungsbedingungen:	239.000,00 USD spätestens bis 30. April 400.000,00 USD d/a 30 Tage nach Erhalt der Lieferung am Bestimmungsort Tokio

a) Nennen Sie zwei Pflichten der Kötztinger Druckmaschinen AG, die sie aufgrund der vereinbarten Lieferungsbedingung erfüllen muss.
b) Beschreiben Sie die beiden Zahlungsbedingungen, die im Kaufvertrag vereinbart worden sind.
c) Warum haben sich die Vertragspartner auf diese beiden Zahlungsbedingungen geeinigt? Erläutern Sie zwei mögliche Gründe.
d) Die Kötztinger Druckmaschinen AG erhält am 13.04. aus Tokio einen Banken-Orderscheck über 239.000,00 USD. Sie reicht den Scheck am 17.04. bei der MainhattanBank AG zur Gutschrift des Gegenwertes ein. Die MainhattanBank AG schreibt der Kötztinger Druckmaschinen AG den Scheck mit Wertstellung 24.04. „Eingang vorbehalten“ gut.

Berechnen Sie mithilfe der nachstehenden Informationen
(1) den Umrechnungskurs,
(2) den Gutschriftsbetrag in Euro.

Devisenkurse am 17.04.	
1,00 Euro	Geld 1,1130 USD/Brief 1,1200 USD

Provision bei Scheckankäufen: 0,30 % vom Euro-Gegenwert, mindestens 55,00 Euro

→ *6.1.3 und 6.2*

3. Außenhandelsgeschäfte 2

Das Fertighausunternehmen Meininger GmbH, Stuttgart, möchte sein Sortiment durch den Import von finnischen Holzhäusern erweitern. Erste Verhandlungen mit einem finnischen Exporteur wurden bereits geführt. Ihr Kreditinstitut soll als Hausbank der Meininger GmbH die Zahlungsabwicklung und die Finanzierung für die Importhäuser übernehmen.

Dem Kaufvertragsentwurf, den Sie vom Geschäftsführer der Meininger GmbH, Klaus Kolbeck, erhalten haben, entnehmen Sie, dass noch keine Einigung über die Lieferungsbedingung erfolgt ist. Es stehen FOB Helsinki oder CIF Hamburg zur Diskussion.

a) Erläutern Sie Klaus Kolbeck jeweils den Kosten- und Gefahrenübergang bei diesen Klauseln und erklären Sie, welche Kriterien bei seiner Entscheidung für eine der beiden Lieferungsbedingungen den Ausschlag geben sollten.
b) Ermitteln Sie jeweils den CIF-Preis und den FOB-Preis für ein Holzhaus.

Kosten je Holzhaus	
Holzhaus Art. 7231/05	53.000,00 Euro
Verpackungskosten	800,00 Euro
Bahn-/Lkw-Fracht nach Helsinki	500,00 Euro
Umschlagkosten/Hafengebühren Helsinki	820,00 Euro
Seefracht	2.310,00 Euro
Seeversicherung	560,00 Euro
Löschkosten/Hafengebühren Hamburg	940,00 Euro
Transportkosten Hamburg/Stuttgart	450,00 Euro

Zunächst sollen 15 Holzhäuser geliefert werden.

c) Für welche Lieferungsbedingung sollte sich Herr Kolbeck entscheiden, wenn er bei einem deutschen Spediteur für die Seefracht 2.450,00 Euro und für die Seeversicherung 675,00 Euro bezahlen soll?
d) Die Kontraktpartner einigen sich auf die Lieferungsbedingung CIF Hamburg. Klaus Kolbeck möchte von Ihnen wissen, wie der finnische Geschäftspartner ihm gegenüber bei dieser Lieferungsbedingung
(1) die Erfüllung seiner Lieferpflicht beweisen kann und
(2) seine Versicherungspflicht zu erfüllen hat.
e) Klaus Kolbeck interessiert sich auch für die Bedeutung der Dokumente bei der Abwicklung von Außenhandelsgeschäften. Erläutern Sie ihm die Bedeutung der Dokumente im Außenhandel anhand von drei selbst gewählten Beispielen.

→ *6.1.3.1 und 6.1.3.3*

4. Bedeutung von Dokumenten 1

Ein Maschinenbauer, der erstmals einen Exportauftrag erhalten hat, wendet sich an Sie mit folgenden Fragen.

a) Was ist ein Warenwertpapier, und welche Bedeutung hat ein solches Papier bei der Abwicklung eines Exports?
b) Was dokumentiert ein Ursprungszeugnis, und wo in Deutschland kann es ausgestellt werden?

→ 6.1.3.3

5. Bedeutung von Dokumenten 2

Erläutern Sie das Wesen und die Funktion eines Konnossements (Bill of Lading) in Abgrenzung zu den sonstigen Transportdokumenten. Beschreiben Sie in diesem Zusammenhang die Sperrfunktion bei Frachtbriefen und deren Bedeutung für den Käufer/Importeur.

→ 6.1.3.3

6. Incoterms® 2020 1

Kai Petersen, Hannover, verhandelt mit der NAPA Steel Corp. in Detroit über den Import von Edelstahlerzeugnissen. Zur detaillierten Verhandlung der Lieferbedingungen hat sich Kai Petersen mit folgenden Kalkulationsdaten versorgt. Vor dem Abflug in die USA möchte er sich mit Ihnen als Hausbank bezüglich der Verhandlungen abstimmen.

Kosten für Verpackung	1.500,00 Euro
Transportkosten bis Verschiffungshafen New York	750,00 Euro
Verladung an Bord Seeschiff	250,00 Euro
Seetransport	2.500,00 Euro
Versicherungsprämie	50,00 Euro
Kosten der Entladung in Hamburg	200,00 Euro
Transportkosten bis Hannover	400,00 Euro

a) Erklären Sie kurz den Sinn und Zweck der Incoterms® 2020.
b) Kai Petersen rechnet damit, dass sein Verhandlungspartner bei der NAPA Steel Corp. zunächst die für sein Unternehmen günstigste Lieferbedingung durchsetzen will. Welche wäre das?
c) Ermitteln Sie für Kai Petersen die noch anfallenden Kosten, wenn
   (1) CIF Hamburg,
   (2) FOB New York
   vereinbart wird.

→ 6.1.3.1

7. Incoterms® 2020 2

Im Zuge eines Gesprächs mit der Loose KG kommen Sie ebenfalls auf die internationalen Lieferbedingungen zu sprechen.

a) Erklären Sie den rechtlichen Status der Incoterms®.
b) Was wird durch die Incoterms® geregelt?
c) Wie lassen sich die Incoterms® 2020 einteilen?

→ 6.1.3.1

8. Zahlungsbedingungen

Die Loose KG möchte Waren erstmalig ins Ausland verkaufen und bittet um eine Beratung hinsichtlich möglicher Zahlungsbedingungen bei der Abwicklung.

a) Erläutern Sie die verschiedenen Möglichkeiten unter Berücksichtigung der Interessenlage Ihres Exporteurs.
b) Auf welche Art unterstützen Sie ihn als Kreditinstitut bei den jeweiligen Zahlungsbedingungen?

→ 6.1.3.2

6.2 Devisen und Devisenkurse

1. Devisenkurse

Die Speedo Spedition AG erhält einen Überweisungseingang über 128.600,00 GBP für einen durchgeführten Transportauftrag.

a) Entscheiden Sie, ob die Spedition zur Abwicklung dieser Transaktion ein Währungskonto eröffnen sollte.
b) Beschreiben Sie die beiden Arten der Kursnotierung von Devisen.
c) Welcher Devisenkurs wird bei der Umrechnung des GBP-Betrags angewendet?
Erläutern Sie die Unterschiede zwischen dem Geld- und dem Briefkurs.
d) Welcher Euro-Betrag wird der Speedo Spedition unter Berücksichtigung der veröffentlichten Hauskurse gutgeschrieben, wenn die MainhattanBank AG 0,20 % Umrechnungsgebühr vom Euro-Betrag berechnet?

Devisenkurse vom 22.03.	Geld	Mitte	Brief
Euro/USD	1.4685	1.4745	1.4715
Euro/JPY	134.26	134.74	134.50
Euro/GBP	0.8947	0.8987	0.8967
Euro/CHF	1.4950	1.4990	1.4970
Euro/CAD	1.5179	1.5299	1.5239
Euro/SEK	10.7101	10.7581	10.7341
Euro/NOK	9.4734	9.5214	9.4974
Euro/DKK	7.4322	7.4722	7.452

→ 6.2

2. Devisenkassageschäfte

Die SunSolaris GmbH ist einer der führenden Hersteller von Solaranlagen in Europa. Zur Produktion der Solarzellen werden Spezialteile benötigt, die aus den USA importiert werden. Zur Bezahlung des letzten Importgeschäftes hat die SunSolaris GmbH bei Ihrem Kreditinstitut einen Zahlungsauftrag im Außenwirtschaftsverkehr über 45.000,00 USD eingereicht. Da das Unternehmen nicht über ein Fremdwährungskonto verfügt, muss die Abrechnung des USD-Auftrags in Euro erfolgen. Die aktuellen Devisenkassakurse betragen bei Ihrem Kreditinstitut: 1,00 Euro = Geld 1,1410 USD und Brief 1,1470 USD.

a) Wie kommen Devisenkassakurse zustande?
b) Welche Unterschiede bestehen zwischen einem Devisenkassakurs und einem Devisenterminkurs?
c) Stellen Sie die Abwicklung des Zahlungsauftrages der SunSolaris GmbH bis zur Gutschrift beim amerikanischen Zahlungsempfänger dar.
d) Mit welchem Betrag wird die SunSolaris GmbH belastet, wenn Ihr Kreditinstitut eine Abwicklungsgebühr von 0,75 % berechnet?

→ 6.2

6.3 Dienstleistungen der Kreditinstitute im internationalen Zahlungsverkehr

1. Dokumenteninkasso

Oliver Mansur ist Geschäftskunde Ihres Hauses. Er steht in Vertragsverhandlungen mit einem Abnehmer in Japan, dem Waren im Wert von 75.000,00 USD per Luftfracht geliefert werden sollen. Die Lieferbedingung soll CPT Tokio lauten. Als Zahlungsbedingung soll ein D/A-Inkasso mit einer 90-Tage-Nachsichttratte vereinbart werden.

a) Erklären Sie Oliver Mansur die Lieferbedingung CPT Tokio.
b) Erläutern Sie die Zahlungsbedingung und skizzieren Sie den Zahlungsablauf.

→ 6.1.3.1 und 6.3.3.1

2. Akkreditiv 1

Der Geschäftsführer der Lettermann GmbH, Gereon Hein, möchte von Ihnen die Abwicklung eines Importakkreditivs über 100.000,00 USD – benutzbar durch Sichtzahlung bei der Bank des Exporteurs – erläutert bekommen.

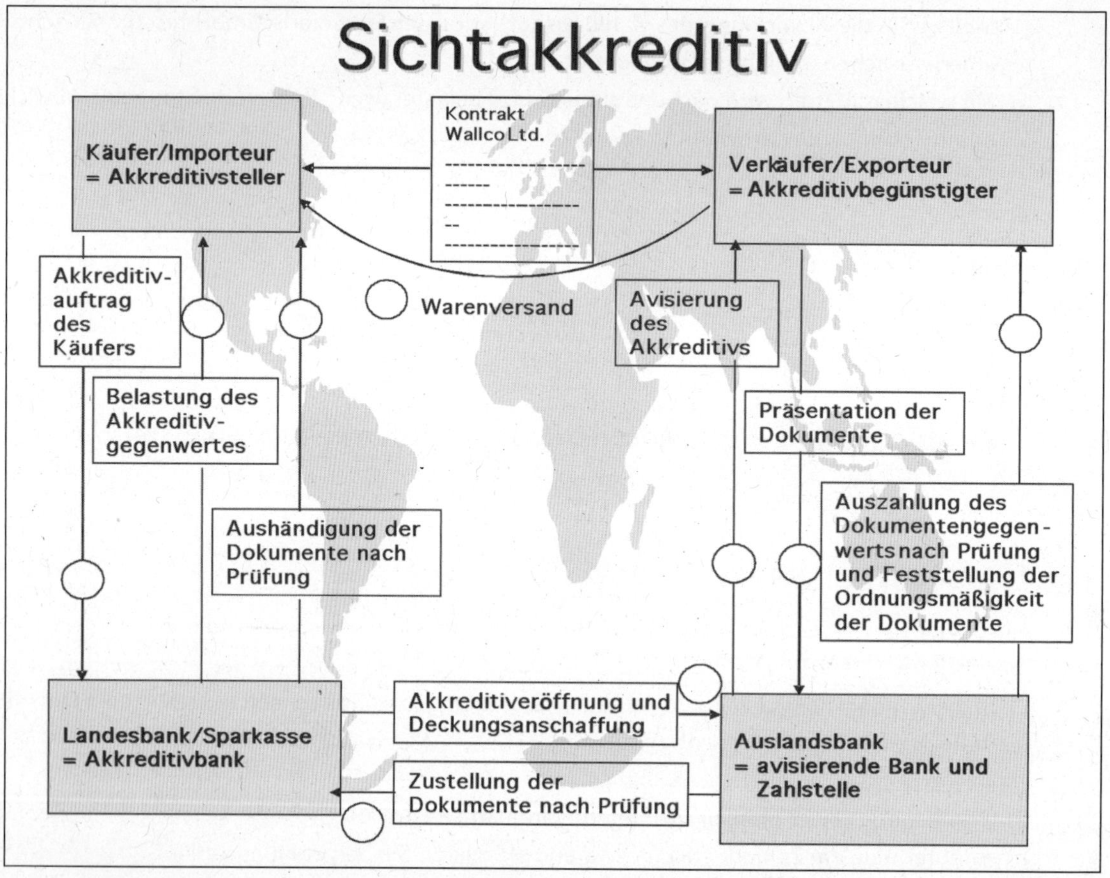

a) Erklären Sie dem Kunden den zeitlichen Ablauf eines Importakkreditivs, indem Sie die Kreise in der Grafik Sichtakkreditiv mit den Ziffern der Abfolge ausfüllen.

b) Im Zusammenhang mit dem Geschäft befragt Sie der Kunde nach Währungsrisiken.
Nennen Sie dem Kunden zwei Absicherungsmöglichkeiten und erläutern Sie kurz deren Besonderheiten.

c) Welche Rechtsgrundlagen müssen von Ihnen und dem Kunden bei der Abwicklung des Importakkreditivs beachtet werden?

→ 6.3.3.2

3. Akkreditiv 2

Die Klaus OHG hat einen Lieferanten in Shanghai/China gefunden. Für das erste Liefergeschäft wurde als Zahlungsbedingung ein unwiderrufliches Dokumentenakkreditiv, zahlbar „bei Sicht", und die Lieferbedingung „FOB Shanghai" (gem. Incoterms® 2020) vereinbart.

a) Erstellen Sie ein Ablaufschema für das obige Dokumentenakkreditiv. Nummerieren Sie dabei die Schritte im Schema in der richtigen Reihenfolge und erläutern Sie die Schritte stichpunktartig.

b) Welche Vor- und Nachteile hat das unwiderrufliche Dokumentenakkreditiv für Ihren Kunden? Erläutern Sie jeweils einen Vor- und einen Nachteil.

→ 6.3.3.2

4. Bankgarantie 1

Der Industrieroboterhersteller Robotec AG hat mit einer chinesischen Maschinenfabrik einen Kaufvertrag über die Lieferung von Bauteilen zur Herstellung der Industrieroboter zum Preis von 93.000,00 Euro abgeschlossen. Als Zahlungsbedingung wurde vereinbart:

- 10 % Anzahlung bei Vertragsabschluss
- 45 % bei Lieferung der Bauteile
- 45 % 90 Tage nach Lieferung der Bauteile

a) Welches Risiko trägt die Robotec AG nach der erfolgten Anzahlung und wie kann sie sich gegen dieses Risiko absichern? Welches Kreditinstitut bietet diese Absicherung an?
b) Ab welchem Zeitpunkt sollte die Absicherung gelten und wie lange sollte sie dauern?
c) Welches Risiko trägt der chinesische Exporteur, wenn die Bauteile geliefert und die zu diesem Zeitpunkt fällige Zahlung von der Robotec AG geleistet wurde? Welche Absicherung ist möglich?
d) Welche Unterschiede bestehen zwischen einer direkten und einer indirekten Garantie?
e) Wodurch unterscheidet sich die Garantie von der Bürgschaft?
f) Wie werden von den Kreditinstituten übernommene Garantien bilanziert?
g) Erläutern Sie weitere Garantien der Kreditinstitute im Auslandsgeschäft.

→ 6.3.4

5. Bankgarantie 2

Christina Sündermann beabsichtigt, sich mit ihrem Unternehmen an einer internationalen Ausschreibung zur Lieferung einer Maschinenanlage im Gesamtwert von 700.000,00 USD nach China zu beteiligen. Nach den Ausschreibungsbedingungen muss eine Bietungsgarantie durch eine deutsche Bank gestellt und einer chinesischen Bank präsentiert werden.

a) Erläutern Sie der Kundin die geforderte Garantie.
b) Welche Risiken bestehen für den Auftraggeber der Garantie?
c) Welche Möglichkeit zur Absicherung des Währungsrisikos würden Sie der Kundin empfehlen?

→ 6.3.4

6. Bankgarantie 3

Die Joseph Kaufmann GmbH erhält eine unwiderrufliche, auf erstes Anfordern zahlbare Garantie aus Kiew. Joseph Kaufmann wendet sich an Sie, da er bisher keine Garantiegeschäfte getätigt hat.

First National Bank of Kiev

Potemkin Blvd. 100 / P.O. Box 12 56 34, Kiev / Ukraine

Phone (Switchboard) ++7-380 44-223344-0 / Fax (Intl. Division) ++7-380 44-223344-10

HiFi und mehr
Fernsehfachhandel Joseph Kaufmann GmbH
Im Siebten Himmel 1

20095 Hamburg

Kiev, 1. April ..

Zahlungsgarantie Nr. GUAR-990401-1

Wir hörten von unserer Kundin, der Firma **Iwan Iwanowitsch Commercial Trading House, Kiev,** dass sie von Ihnen gemäß Vereinbarung vom 5. März .. **Fernseher, Receiver und Boxen Sound Systeme verschiedener Hersteller** im Gesamtwert von 1.000.000,00 EUR FOB Hamburg gekauft hat. Die Erstellung einer Bankgarantie wurde vereinbart.

Auftrags Firma Iwan Iwanowitsch Commercial Trading House, Kiev, erstellen wir hiermit zu Ihren Gunsten die unwiderrufliche Zahlungsgarantie in Höhe von

1.000.000,00 EUR

(eine Million 00/100,00 Euro).

Wir werden unter unserer Garantie Zahlung leisten auf Ihre erste schriftliche Anforderung - uns zu übermitteln über eine internationale Bank zwecks Verifizierung Ihrer Unterschriften -, in der Sie uns bestätigen, dass die Firma Iwan Iwanowitsch Commercial Trading House, Kiev, ihren Zahlungsverpflichtungen Ihnen gegenüber nach erfolgter Lieferung der betreffenden Ware nicht nachgekommen ist.

Diese Garantie erlischt, unabhängig von der Rückgabe dieser Urkunde, am **1. November ..**, es sei denn, dass Sie uns vor Ablauf dieses Tages, schriftlich bei uns in Kiev eintreffend, nach Maßgabe der vorstehend aufgeführten Bedingungen aus ihr in Anspruch genommen haben.

Diese Garantie unterliegt ukrainischem Recht, Gerichtsstand ist Kiev.

First National Bank of Kiev

Smirnow Jaschin

a) Wodurch unterscheidet sich eine Garantie von einem Exportakkreditiv?
b) Welche Risiken ergeben sich für die Joseph Kaufmann GmbH aus dieser Garantie?
c) Welche Alternativen bieten sich der Joseph Kaufmann GmbH, wenn sie diese Risiken umgehen möchte?

7. Bankgarantie 4

Ein Importkunde Ihres Hauses soll seinem Vertragspartner aus Mexiko zwecks Zahlungssicherung eine Bankgarantie seiner Hausbank zur Verfügung stellen.

a) Geben Sie eine Definition für eine Bankgarantie und erläutern Sie die wesentlichen Unterschiede zu einer Bürgschaft und zu einem Akkreditiv.
b) Unter welchen Voraussetzungen wird die Garantie zugunsten des mexikanischen Exporteurs übernommen?

→ 6.3.4

6.4 *Devisenhandelsgeschäfte der Kreditinstitute*

1. Devisentermingeschäfte 1

Sonja Keller unterhält bei Ihrem Kreditinstitut ein privates Girokonto. Sie berichtet, dass sie in sechs Monaten 10.000,00 USD nach Mexiko überweisen möchte. Zur Absicherung des Währungsrisikos empfehlen Sie den Abschluss eines Devisentermingeschäfts.

Sonja Keller kauft 10.000,00 USD zum Terminkurs von 1,3878 EUR/USD. Der aktuelle Kassakurs beträgt 1,3948 EUR/USD. Sie möchte wissen, wie es zu der Abweichung gegenüber dem Kassakurs kommen kann.

Aus Ihrem Informationssystem erhalten Sie folgende Daten:
Kassakurs: 1,3948 EUR/USD
USD-Zinssatz 6 Monate: 2 % p. a.
EUR-Zinssatz 6 Monate: 3 % p. a.

→ 6.4.2

2. Devisentermingeschäfte 2

Ulrich Petermann, Inhaber einer mittelständischen Metallbaufirma, hat Maschinenteile in die USA verkauft. Der Geldeingang von 100.000,00 USD erfolgt drei Monate nach Lieferung. Im Beratungsgespräch möchte sich der Firmeninhaber über Absicherungsmöglichkeiten für das Währungsrisiko informieren.

a) In der Tageszeitung hat er vor vier Tagen den Kurs 1,1822 EUR/USD gefunden. Erläutern Sie Ulrich Petermann diese Kursnotierung.
b) Auf seine Frage nach dem aktuellen Kurs nennen Sie ihm nach Abfrage in Ihrem Informationssystem folgende Kurse:

Geldkurs	Briefkurs
1,1215	1,1235

Ulrich Petermann möchte daraufhin wissen, ob er seinen Dollareingang zu diesem Kurs bereits jetzt an sie verkaufen kann.
c) Sie empfehlen den Abschluss eines Devisentermingeschäfts. Erklären Sie dem Kunden den Charakter eines solchen Geschäfts.
d) Die Abfrage im Informationssystem zeigt folgende Notierungen für EUR/USD-Termindevisen in drei Monaten:

Geldkurs	Briefkurs
1,1150	1,1190

Wie hoch ist die Euro-Gutschrift auf dem Konto von Ulrich Petermann in drei Monaten?

→ 6.4.2

3. Devisentermingeschäfte 3

Die Kötztinger Druckmaschinen AG rechnet aus einem Exportgeschäft in ca. drei Monaten mit der Zahlung von 400.000,00 USD. Sie möchte sich mit einem Kurssicherungsgeschäft gegen die in letzter Zeit verstärkt aufgetretenen Währungsschwankungen des USD schützen.

a) Zeigen Sie Melanie Gruber, Finanzvorstand der Kötztinger Druckmaschinen AG, zwei Möglichkeiten, wie sie sich gegen dieses Kursrisiko absichern kann.
Die MainhattanBank AG berücksichtigt bei der Kalkulation des Terminkurses den aktuellen Kassakurs vom 17.04. sowie die Zinssätze für Dreimonatsgelder (90 Tage) in den USA von 2,80 % p. a. und im Eurowährungsgebiet von 2,30 % p. a.

Konditionen der MainhattanBank AG am 17.04.	
Devisenkurse	
1,00 EUR	Geld 1,3905 USD/Brief 1,3945 USD

Erläutern Sie Frau Gruber das Zustandekommen des Devisenterminkurses.

b) Berechnen Sie für dieses Devisentermingeschäft
(1) den Terminkurs sowie
(2) den Gutschriftsbetrag in Euro in drei Monaten (ohne Berücksichtigung von Gebühren).

→ 6.4.2

4. Devisentermingeschäfte 4

Ein Importkunde möchte in 6 Monaten eine Warenlieferung von seinem Geschäftspartner in den USA in Höhe von USD 255.800,00 bezahlen. Aufgrund seiner Kurserwartung möchte er bei Ihnen ein Devisentermingeschäft abschließen.

a) Errechnen Sie den Devisenterminkurs unter Berücksichtigung der Bedingungen gem. nachstehenden Marktdaten.
b) Erklären Sie die im Zusammenhang mit Devisentermingeschäften vorkommenden Begriffe SWAP-Satz, Deport, Report.

LAND	WHRG	EUR	SICHTKURS	GELDKURS	BRIEFKURS
USA	USD	1,00	1,3901000	1,3811000	1,3871000
GROSSBRITANNIEN	GBP	1,00	0,8847000	0,8787000	0,8827000
KANADA	CAD	1,00	1,4357000	1,4177000	1,4297000
SCHWEIZ	CHF	1,00	1,3381000	1,3321000	1,3361000

Index 106

Geldmarktsätze EUR/USD/CHF/JPY

	EUR	USD	CHF	JPY
O/N	0,7000/0,8700	0,2300/0,5000	0,0300/0,1500	0,0200/0,1700
T/N	0,6500/0,8200	0,2000/0,3300	0,0100/0,1200	0,0100/0,1300
S/N	0,6500/0,8200	0,2000/0,3300	0,0100/0,1200	0,0100/0,1300
1 Woche	0,6900/0,8400	0,2400/0,5400	0,0100/0,1200	0,0200/0,1300
2 Wochen	0,6900/0,8400	0,2400/0,5400	0,0100/0,1200	0,0200/0,1300
1 Monat	0,7500/0,9100	0,2600/0,5400	0,1000/0,2200	0,0100/0,1800
2 Monate	0,8000/0,9600	0,3500/0,4800	0,0300/0,2700	0,0400/0,2400
3 Monate	0,8700/1,0300	0,4500/0,7000	0,0700/0,3100	0,0200/0,2800
6 Monate	1,0800/1,2900	0,3900/0,7000	0,3300/0,5700	0,1700/0,4300
12 Monate	1,3400/1,5500	0,6300/0,9400	0,5200/0,7600	0,4200/0,6800
2 Jahre	1,4600/1,5600	0,5000/0,6000	0,5700/0,6700	
3 Jahre	1,5500/1,6500	0,6900/0,7900	0,8100/0,9100	
4 Jahre	1,8000/1,9000	0,9700/1,0700	1,0400/1,1400	
5 Jahre	1,9900/2,0900	1,3000/1,4000	1,2500/1,3500	

→ 6.4.2

5. Devisenoptionen 1

Ansgar Klatte ist Geschäftsführer der Tron GmbH, eines mittelständischen Maschinenbauunternehmens. Der Betrieb importiert Rohstahl auf USD-Basis und exportiert hauptsächlich in Länder der Eurozone.

a) Analysieren Sie das Währungsrisiko der Tron GmbH.

b) In einem Gespräch über die Absicherung von Währungsrisiken kommen Devisentermingeschäfte und Devisenoptionen als Absicherungsinstrumente zur Sprache. Welches Kurssicherungsinstrument zum Einsatz kommt, hängt dabei von der Erwartung des Kunden über die künftige Wechselkursentwicklung ab. Zeigen Sie Ansgar Klatte mithilfe nachfolgender Tabelle auf, wann der Einsatz von Devisenoptionen und wann der Einsatz von Devisentermingeschäften sinnvoll ist.

Erwartung im Hinblick auf die künftige Kursentwicklung	**Absicherungsrichtung**	
	Verkauf von Fremdwährung	Kauf von Fremdwährung
Steigender Kurs des Euro		
Fallender Kurs des Euro		

c) Während die Tron GmbH mit Devisentermingeschäften bereits Erfahrungen hat, sind Devisenoptionen noch unbekannt. Erläutern Sie den Charakter von Devisenoptionen.

d) Welche Art von Devisenoption kommt für die Tron GmbH zur Absicherung der USD-Importe in Betracht?

→ 6.4.2

6. Devisenoptionen 2

Der Geschäftskunde Peter Frisch hat aus einem Importgeschäft in drei Monaten eine Zahlungsverpflichtung von 500.000,00 USD und möchte sich über Devisenoptionen absichern.

a) Erläutern Sie Peter Frisch die Besonderheiten einer Devisenoption.
b) Berechnen Sie die Höhe der zu zahlenden Prämie für die geeignete Devisenoption.

Devisenoptionspreise (Angaben in % des Euro-Gegenwerts), Basispreis 1,4258 EUR/USD	
EUR-Call	**EUR-Put**
1,12–1,16	0,68–0,76

c) Welche Faktoren beeinflussen den Preis der Devisenoption?

→ 6.4.2

7. Devisenoptionsgeschäft Import

Die MotoTrans AG möchte eine Zahlungsverpflichtung über 2 Mio. GBP per drei Monate

- gegen Euro kurssichern, gewünschter Kurs: 1,00 EUR = 0,6777 GBP,
- gleichzeitig aber von einem festen Euro, d. h. schwächerem GBP, profitieren können.

a) Welches Kurssicherungsinstrument ist angebracht?
b) Berechnen Sie die Prämie.
c) Erläutern Sie die Situation des Unternehmens, wenn am Ausübungstag der Kurs bei 0,7000 steht.
d) Erläutern Sie die Situation des Unternehmens, wenn am Ausübungstag der Kurs bei 0,5000 steht.

GBP/EUR: Referenzkurs 0,6772, Stand 12.02.

EUR-Call	***1 Monat***	***3 Monate***	***6 Monate***	***12 Monate***
0,6777	1,10 – 1,19	1,10 – 1,19	1,10 – 1,19	1,10 – 1,19

EUR-Put	***1 Monat***	***3 Monate***	***6 Monate***	***12 Monate***
0,6777	0,47 – 0,53	0,76 – 0,86	1,00 – 1,12	1,23 – 1,36

→ 6.4.2

6.5 *Reisezahlungsmittel*

1. Beratung zu Reisezahlungsmitteln

Heiner und Claudia Jansen wollen in einem Monat zu einer dreiwöchigen Rundreise durch Nordamerika aufbrechen. Sie bitten um Beratung über mögliche Reisezahlungsmittel. Heiner und Claudia Jansen besitzen jeder eine Maestro-Karte ihrer Hausbank.

a) Erläutern Sie dem Ehepaar, welche Einsatzmöglichkeiten für die Maestro-Karte in Nordamerika bestehen.
b) Welche Voraussetzungen müssen für den Einsatz der Maestro-Karte erfüllt sein?
c) Sie empfehlen dem Ehepaar Jansen, zusätzlich eine Kreditkarte mitzunehmen. Welche Vorteile bietet die Kreditkarte gegenüber der Maestro-Karte?

→ ***3.4.6.1 und 3.4.6.2***

2. Erwerb von US-Dollar-Noten und USD-Reiseschecks

Dirk Gärtner ist Kunde der Kreditbank AG. Er beabsichtigt, in den nächsten Tagen in die USA zu reisen. Der Kundenberater schlägt für die Reisekasse vor, einen kleinen Betrag in Dollarnoten und den Rest in Reiseschecks über US-Dollar mitzunehmen.
Die Kurse für US-Dollar lauten:

Sorten:	Verkauf (Geld)	1,39	Ankauf (Brief)	1,47
Devisen:	Verkauf (Geld)	1,4304	Ankauf (Brief)	1,4364

a) Wie groß sind die Spannen zwischen Geld- und Briefkursen für Sorten und Devisen und warum sind sie so unterschiedlich?
b) Der Kunde erwirbt 200,00 US-Dollar in Noten und 2.000,00 US-Dollar in Reiseschecks. Welcher Betrag wird seinem Girokonto belastet, wenn bei Ausstellung der Reiseschecks 1 % Provision berechnet wird?
c) Erläutern Sie Herrn Gärtner, welche Besonderheiten bei der Ausstellung der Reiseschecks in Deutschland und bei der Einlösung in den USA zu beachten sind.

3. Reiseschecks für eine Reise nach Australien

Egon Neugebauer plant mit seiner Frau eine Reise nach Australien und will für seine Reisekasse Austr.-$ in Reiseschecks erwerben.

a) Wie viel Euro muss Egon Neugebauer bezahlen, wenn er Reiseschecks im Nominalwert von 4.000,00 Austr.-$ kaufen will?

Kurse/Preise	Devisen	Sorten
	Geld/Brief	Verkauf/Ankauf
Australien (Austr.-$)	1,5536/1,5736	1,47/1,64

b) Egon Neugebauer hat etwas von Reiseschecks „für zwei“ gehört. Er will wissen, ob er und seine Frau derartige Reiseschecks erwerben können.
c) Wie kann Egon Neugebauer im Falle des Verlusts neue Reiseschecks bekommen?
d) Wie kann Egon Neugebauer nicht verbrauchte Reiseschecks verwenden?